财务管理国家一流专业建设点系列

财务智能分析

Financial Intelligence Analysis

邱兆学　韩飞　韩纪伟　编著

中国财经出版传媒集团

经济科学出版社
Economic Science Press

图书在版编目（CIP）数据

财务智能分析 / 邱兆学，韩飞，韩纪伟编著 . -- 北京：经济科学出版社，2022.8

财务管理国家一流专业建设点系列教材

ISBN 978 - 7 - 5218 - 3932 - 6

Ⅰ. ①财… Ⅱ. ①邱… ②韩… ③韩… Ⅲ. ①智能技术 - 应用 - 会计分析 - 高等学校 - 教材 Ⅳ. ①F231. 2 - 39

中国版本图书馆 CIP 数据核字（2022）第 148769 号

责任编辑：杜　鹏　常家凤　刘　悦
责任校对：王肖楠
责任印制：邱　天

财务智能分析

邱兆学　韩　飞　韩纪伟　编著

经济科学出版社出版、发行　新华书店经销

社址：北京市海淀区阜成路甲 28 号　邮编：100142

编辑部电话：010 - 88191441　发行部电话：010 - 88191522

网址：www. esp. com. cn

电子邮箱：esp_bj@ 163. com

天猫网店：经济科学出版社旗舰店

网址：http：//jjkxcbs. tmall. com

固安华明印业有限公司印装

787 × 1092　16 开　14. 25 印张　310000 字

2022 年 9 月第 1 版　2022 年 9 月第 1 次印刷

ISBN 978 - 7 - 5218 - 3932 - 6　定价：39. 00 元

（图书出现印装问题，本社负责调换。电话：010 - 88191510）

（版权所有　侵权必究　打击盗版　举报热线：010 - 88191661

QQ：2242791300　营销中心电话：010 - 88191537

电子邮箱：dbts@ esp. com. cn）

前　　言

　　信息是现代企业经营管理决策的重要基础，竞争的胜利无疑属于那些能够以较高的效率及时获取各类决策所需信息的人或组织。人类进入数字化时代，信息爆炸看似使信息的获取变得十分便捷，但同时也加大了对信息获取效率的需求，使得那些能够高效率地对信息进行处理，能够在正确的时间帮助需要的人或组织获得正确信息的能力，正成为许多企业的核心竞争力。

　　本教材是智能时代财务人的科普读物，对于准专业人士如高校学生来说，充分考虑了可读性与易用性。对于很多财务人来说，搞懂新技术并不是一件容易的事情。从会计电算化到财务信息化，那些复杂的技术已经让很多人晕眩不已，而智能时代的云计算、大数据和机器学习等更为复杂的技术让我们步入无限纠结中。但是我们认为，技术仅仅是工具，这不应当成为财务人使用工具发挥创意并提升工作效率的阻碍，工具从来都应当为人所用，而财务人缺的仅仅是一本浅显易懂的"财务＋智能技术"读本。基于此，深入浅出地讲解技术，关注财务人在智能时代认知能力提升和实践应用场景挖掘的科普读物就诞生了。

　　概括来说，本教材突出强调以下五个关键词：

　　第一，财务智能。即将财务管理理论模型化，通过智能匹配方式，将数据导入数据仓库或以数据仓库现有数据为分析对象，根据财务管理模型，利用计算机高速准确的计算能力，对数据仓库中的数据进行处理，迅速得到企业经营诊断报告，形成经营决策建议。财务智能从世界范围看，理论和实践才刚刚起步，但对改变企业管理特别是财务管理却起着革命性的提升工作效率、辅助经营决策的作用。

　　第二，财务分析智能。即将财务分析模型固化在计算机程序中，通过从外部导入企业三张报表数据或以数据仓库内部存储的报表数据为分析对象，系统可自动依照分析模型，对数据进行相应处理，迅速出具各种形式的企业财务分析报告。

　　第三，经营分析智能。即将经营分析模型固化在计算机程序中，通过从外部导入企业明细报表数据或以数据仓库内部存储的明细报表数据为分析对象，系统可自动依照分析模型，对数据进行相应处理，迅速出具各种形式的企业经营分析报告。

　　第四，经营决策智能。即将企业经营决策理论与计算机理论融合在一起，通过计算机自动实现投资决策、融资决策和分配决策管理。

　　第五，全面预算管理智能。即将全面预算管理理论与智能财务分析理论紧密结合在一起，利用计算机硬件、软件及 Internet 网络，实现对企业全程实时监控，监控环节包括目标确立、计划编制、上报、审批、下达、修订、执行、考核等。

山东管理学院邱兆学负责整个教材的体系设计和总纂，撰写第 1、第 5 章；韩飞撰写第 2 章；韩纪伟撰写第 3、第 4 章。

本教材既可作为财务人透视"财务＋智能技术"的科普读物，也可作为高校会计学、财务管理、审计学等专业的授课教材。希望广大读者多提宝贵意见，共同推进"财务＋智能技术"教学和实践水平不断提高。

编者

2022 年 6 月

目　　录

第1章 概　　论

1.1　新时代会计职能转变

会计工作是企业职能体系中不容忽视的重要环节，其自身职能的确定与坚持直接关系到企业的工作顺畅程度，也与企业的决策以及核心竞争力的塑造等多个方面保持着密切的联系。在新的国际环境中，经济领域的对话日渐频繁，对应的影响同样反映在会计以及企业其他方面，包括诸如核心竞争力的塑造等，也都在新的时代背景之下成为人们关注的焦点。对于这种变革，会计工作如何针对环境变化作出积极应对，实现职能甚至于角色的转变，成为目前该领域工作人员共同关注的焦点。

1.1.1　新时代会计职能转变的基本表现

会计随着社会经济的发展而发展，会计的职能也是如此。纵观整个会计发展史，其最初职能仅仅为对经济活动的计量和记录，而随着经济的不断发展，其他诸如对于企业经营活动以及盈亏损益情况的反映开始出现在传统会计职能的范畴中。一直到"二战"之后，市场活动日趋活跃，竞争程度加强，会计工作的职能也开始朝向企业展开全面的控制方向转变。从我国的会计工作发展来看，改革开放之前，会计仅仅具有核算职能，随着社会主义市场机制的建立与不断完善和国企改革深化的持续开展，从客观上要求会计工作必然需要更为深入地触及企业的各个细节，才能达到企业追求的良好效果。

在当前信息化和国际化不断成熟的背景下，会计职能的发展又开始呈现出新的趋势。

首先，市场竞争日益激烈，必然要求企业全部要素都参与到企业核心竞争力的打造上来，其中会计工作必然也不能例外。曾经单纯以对企业经济行为实现真实客观反映，而行使监督职能的会计工作体系，在当前环境中已经开始面临一些矛盾。其一，传统财务会计面向企业外部实现服务功能与企业需要通过会计工作来获取企业自身关于资金运行状况信息的矛盾；其二，更为开放的国际环境和对话对我国会计工作提出的新要求与我国传统会计工作之间的矛盾。会计领域的工作成果，包括各类会计数据信息和商务数据信息等，作为国际间经济行为沟通的重要依据体现，直接影响着沟通的顺畅程度和效果。因此，从这个角度看，会计承担着关系到沟通质量的重要职责。进一步展开分析可以发现，会计准则在近年的发展中呈现出与国际环境极强的趋同特征，这本质上就意味着，会计工作已经将国际贸易的沟通责任纳入自身的职能体系之下。

其次，在信息化无处不在的深度影响下，会计的职能也发生了一定的变化。随着信息化在会计领域普及程度的加快，会计工作开始呈现出更多的开放特征，相应地在会计职能领域中，安全也成为会计工作需要额外关注的一个问题。当前的会计安全问题，已经不仅仅是基于网络环境的数据安全，而更多的是会计工作本身。由于区块链技术在会计领域的应用，使会计已经记录着企业诸多经济行为，由此承载了诸多敏感商业信息。对应地，会计工作在网络环境中的安全就格外引人关注。

1.1.2 新时代会计职能转变的基本特征

通过上述对会计职能转变基本表现的描述可以发现，会计职能的转变呈现出以下几个基本特征。

首先，从财务会计向管理会计的转变，是新时期会计职能转变的首要表现。从概念的角度看，财务会计以编制财务报表为工作重点，依据会计准则中相关规定以及对应的法律法规，按照会计确认和计量的相关原则对企业的经营活动进行反映，并向企业利益相关者提供财务报告和经营成果等经济信息的一系列活动的总和。而管理会计则以企业本身作为主要服务对象，其价值在于面向企业的管理决策提供必要支持，实现整体优化，通过对资金状况的对内监督，推动和完善企业内部工作行为的规范，实现对企业核心竞争力的塑造和加强。从二者的内涵差异可见，从财务会计朝着管理会计的转变，是当前会计职能发展的必然。只有实现了这种转变，才有可能帮助企业实现自身竞争力的塑造，会计作为企业工作体系中的一个环节，其价值才能得到体现。这种转变不仅仅源于经济领域中激烈的竞争环境所给予企业的压力，更是会计工作对于自身价值审视的必然。只有切实服务于企业，会计工作才能不单纯依赖外界所赋予的诸多工作框架而存在，才算是找到了自身价值。相信未来财务会计将会与管理会计呈现出一定程度的融合，可以预言，二者融合将成为一种趋势。

其次，国际趋同是会计职能转变的第二个重要特征。越来越多跨国企业的涌现，以及国际之间经济对话的日渐频繁，都对进出口、国外直接投资、合并财务报表等多方面的会计工作提出了更高要求。国际间频繁的商业活动，要求诸多经济主体既要了解从事国外经营活动所在国的会计原则又要适应会计准则协调中许多国际机构的要求。与此同时，会计准则作为国家与国际经济环境沟通的重要依据，一定程度上意味着国家在国际上的影响力，因此，会计准则的国际趋同不可避免。这同样也是中国承担全球公共责任、维护社会公共利益的重要表现。这种趋同特征，是历史选择的必然，也是我国基于当前环境作出的重要战略部署。实际工作中，这种国际趋同必然会呈现出多个层面的实现特征，其中不仅仅包括概念框架方面的建设，在执行机制方面同样应当加强准则的制定。

再次，会计职能在信息时代呈现出更为开放的特征。云会计以及其他诸多应用的实现，使得信息能够在需要的时候及时获取，这种特征进一步推动着会计职能本身的框架性调整。对于会计而言，能够通过网络与整个企业的全体要素保持联络，因而也能够倾听到来源于企业各个层面的需求，这必然会成为会计工作对其自身职能调整的重要依据。这种调整，会进一步推动会计工作本身的进步与完善，并且使其成为推动企业进步的积极力量。

最后，会计与财务的职能交叉越来越呈现明显态势。会计作为提供信息的管理工具，随着"大智移云物区"新技术的快速发展，会计管理已逐渐开始具有某些助力价值创造功能，如会计分析职能，就已不再单纯的是对账套数据分析完成，而是结合财务与业务的融合案例得以实现，因此，现代会计分析称为智能财务分析似乎更加合理。正是基于此，财务智能分析已逐渐开始成为会计与财务界推动企业发展的重要力量。

1.2 新时代财务部门岗位职责

1.2.1 岗位说明书编写说明

岗位名称指的是任职岗位的称谓，财务岗位通常包含了会计岗位，如财务经理、财务会计主管、成本会计等。

岗位编号的格式为超群集团—部门—编号，如 AE – ACC – 001：AE 为超群的英文缩写；ACC 为财务部的英文缩写；001 代表本部门的顺序号。

直属上级指在业务上给予直接指令的上级，如账务会计的直接上级是财务会计主管。

所属部门是指该岗位员工工作关系隶属的部门，如会计所属部门为财务部。

岗位目的是指设置该岗位的最重要原因，用一句话概括。

工作内容填写该岗位员工 80% 以上工作时间从事的具体工作。

工作职责着重强调必须完成的任务，一旦发生过失应受到惩罚。

岗位资格要求一栏，列明承担该岗位者需具备的学历与工作经验，学历项可注明相关专业，如大学本科以上，管理相关专业。本说明书未特殊说明者均为包含关系，即大学本科以上 = 大学本科及以上。

岗位技能要求一栏，列明专业知识和能力两类，专业知识指的是与所从事工作职能及工作内容相关的知识，能力指的是从事该工作所必需的主要能力。

1.2.2 财务总监岗位说明书

财务总监岗位说明书内容具体见表 1 – 1。

表 1 – 1   **财务总监岗位说明**

岗位名称	财务总监	岗位编号	AE – ACC – 001
直属上级	总经理	所属部门	财务部
工资级别		直接管理人数	16
岗位目的	组织协调公司上下、内外关系，保证公司运作正常		

工作内容：
(1) 与老板沟通并汇报重要工作，取得老板支持，并提醒老板注意重要事项；
(2) 全面掌握公司的运营状况，为公司总经理的经营决策提供信息和建议；
(3) 与公司副总和部门经理沟通并取得支持，协调与各个部门的关系；
(4) 参与公司重要会议并参与经营管理决策；
(5) 协调与税务、海关、外汇、银行、政府等部门的关系；
(6) 掌握相关政策，善用优惠政策，监控公司的重大经济活动，防范财务风险；
(7) 总管公司财务、会计、报表工作，提供财务报告；
(8) 组织公司有关部门开展经济活动，编制公司利润、成本、资本投资等财务计划；
(9) 为财务部和直接管理的员工寻求资源和支持，创造有利于他们工作的环境；
(10) 为财务部和直接管理的员工制定目标，分配任务，评估绩效；
(11) 招聘、指导和训练下属员工，对直接下属员工的重要工作进行监督；
(12) 审批资金支出，发现潜在问题，并完善相应的流程与公司政策。

工作职责：
(1) 对为公司领导决策提供辅助支持负责；
(2) 对公司内、外部工作关系的协调负责；
(3) 对公司经营决策的贯彻、落实负责；
(4) 对公司财务、会计工作负责

与上级的沟通方式：
接受老板和总经理的口头及书面指导，与公司所有高层保持沟通

同级沟通：
与各部门负责人、对外企业管理人员保持沟通协调

给予下级的指导：
对本部门员工进行业务指导，与其他部门员工保持业务联系

岗位资格要求：
(1) 教育背景：大专以上学历，企业管理、经济管理等相关专业。
(2) 经验：8 年以上的工作经历，5 年以上的大中型企业相关岗位管理工作经验

岗位技能要求：
(1) 专业知识：精通财会专业知识，通晓企业会计制度、税收政策法规、财政政策等相关业务知识；
(2) 能力与技能：较强的组织、沟通协调能力，文字表述能力和公关社交能力；计算机使用熟练

1.2.3 财务部经理岗位说明书

财务部经理岗位说明书内容具体见表 1 – 2。

表 1-2   财务部经理岗位说明

岗位名称	财务部经理	岗位编号	AE-ACC-002
直属上级	财务总监	所属部门	财务部
工资级别		直接管理人数	15
岗位目的	协助财务总监全面负责对公司会计核算，财务管理，经营过程实施财务监督		

工作内容：
(1) 与财务总监沟通并汇报工作，协助财务总监制定财务规划；
(2) 及时准确地向公司领导提供决策信息及建议，为公司重大决策服务；
(3) 参与公司重大财务问题的决策；
(4) 组织公司成本核算，提出成本控制指标建议；
(5) 按期完成申报缴纳各种税款，妥善保管税务发票，独立完成企业年检工作；
(6) 负责公司财产及物资采购的监督，定期组织存货盘点；
(7) 定期编制各种财务报表、会计报表，按要求及时上报财务总监；
(8) 编制财务收支计划，合理安排资金运用，保证满足经营活动资金需求；
(9) 对日常各项费用开支报销单据进行审核，杜绝不合理的费用报销；
(10) 协调本部门与其他部门间的关系，解决争议；
(11) 监督、指导直接下属人员的财务、会计工作，并督促下属员工及时完成工作计划；
(12) 完成总经理及管理总监交付的其他任务。

工作职责：
(1) 对财务信息的真实性、完整性负责；
(2) 对提交报表的准确性和及时性负责；
(3) 对税收核算的合法性、准确性负责和对税务发票的安全性负责；
(4) 对下属财务、会计人员的工作进度及完成情况负责

与上级的沟通方式：
接受总经理和财务总监的口头及书面指导

同级沟通：
与生产部、PMC 等各部门负责人、涉外单位人员保持沟通协调

给予下级的指导：
对本部门财务、会计人员予以业务指导

岗位资格要求：
(1) 教育背景：大专以上学历，财务管理、会计等相关专业。
(2) 经验：5 年以上的会计工作经验，2 年以上财务管理工作经验

岗位技能要求：
(1) 专业知识：熟悉首饰制造行业、涉外企业的有关政策法规以及相关业务知识；
(2) 能力与技能：较好的组织、沟通协调能力、文字表述能力和公关社交能力

1.2.4 财务会计主管岗位说明书

财务会计主管岗位说明书内容具体见表 1-3。

表1-3 **财务会计主管岗位说明**

岗位名称	财务会计主管	岗位编号	AE - ACC - 003
直属上级	财务部经理	所属部门	财务部
工资级别		直接管理人数	8
岗位目的	统筹安排会计人员日常工作，实施会计监督		

工作内容：
（1）与财务部经理沟通并汇报工作，协助财务部经理制订财务部工作计划；
（2）审核各类凭证、报销单据，确保财务数据的准确性和会计资料的齐备、完整性；
（3）协助健全内部控制制度，不断整合财务资源及作业流程，以提高财务部整体协同能力；
（4）监督指导会计分类记账，填制传票，保证各类凭证准确、真实、完整；
（5）监督审核各类日记账、总账、分类账填制；
（6）监督公司现金存款与出纳管理；
（7）负责公司财务会计人员队伍建设，提出对下属人员的调配、培训、考核意见；
（8）负责指导下属员工制订阶段工作计划，并督促执行；
（9）对公司员工进行财务支持，对其他部门能够进行财务监督、协助和沟通；
（10）完成财务总监及财务部经理交付的其他任务。
工作职责：
（1）对会计信息的真实性、完整性负责；
（2）对会计凭证的准确性和会计报表的及时性负责；
（3）对会计工作的有效性和有序性负责

与上级的沟通方式：
接受财务总监和财务部经理的口头及书面指导

同级沟通：
公司各部门负责人的协调沟通

给予下级的指导：
对本部门下属员工明确分工和业务指导

岗位资格要求：
教育背景：大专以上学历，财务管理、会计等相关专业，有会计师资格。
经验：5年以上的会计工作经验，3年以上外企主管会计工作经验

岗位技能要求：
（1）专业知识：全面的专业知识、账务处理及财务管理经验；熟悉财政及税务的政策法规；
（2）能力与技能：有较强的沟通能力，有良好的纪律性、自律性以及对工作认真、细致、负责的态度，并能在压力下工作，熟练使用用友财务软件和 Excel、Word 等信息技术工具

1.2.5 成本会计主管岗位说明书

成本会计主管岗位说明书内容具体见表1-4。

表 1 - 4   **成本会计主管岗位说明**

岗位名称	成本会计主管	岗位编号	AE - ACC - 004
直属上级	财务部经理	所属部门	财务部
工资级别		直接管理人数	5
岗位目的	制定标准成本，实施成本控制，编制成本报表和进行成本分析		

工作内容：
(1) 负责制定公司成本管理制度，规范成本核算实施细则；
(2) 负责会同有关部门制定与完善产品的标准成本，对成本实施过程控制；
(3) 负责对生产成本标准定额的执行实施情况进行监督、检查和控制，对各项定额的情况进行分析；
(4) 负责定期出具成本报表、财务分析报告给管理层，提出降低成本的控制措施和建议；
(5) 负责组织对公司的各项财产进行定期或不定期盘点，定期监督库存实物盘点工作；
(6) 协助建立和完善公司的财务管理制度体系；
(7) 结合公司实际情况及产品生产特点，制定有效成本的核算及控制模式；
(8) 根据公司业务发展，不断改进成本核算方法，配合公司对各车间成本进行考核控制；
(9) 负责监督、稽核成本核算会计的工作，并就出现问题及时上报；
(10) 完成直接上级交办的临时任务。
工作职责：
(1) 对成本核算资料的真实性、完整性、准确性和保密性负责；
(2) 对成本控制方法的建立与管控负责；
(3) 对成本报表和成本分析报告编报的合理性、及时性负责

与上级的沟通方式：
接受财务总监和财务部经理的口头及书面指导

同级沟通：
公司各部门负责人的协调沟通

给予下级的指导：
对本部门下属员工明确分工和业务指导

岗位资格要求：
(1) 教育背景：本科以上学历，财务管理、会计等相关专业。
(2) 经验：5 年以上的成本会计工作经历，3 年以上在制造企业从事成本核算实务工作经验

岗位技能要求：
(1) 专业知识：具备全面的财务理论知识和实际操作能力，熟悉制造业成本核算流程和 ERP 系统；
(2) 能力与技能：具备良好的沟通能力、部门协作和团队合作的技巧，高度责任心和敬业精神；熟练使用 Excel、Word、PowerPoint 等办公软件

1.2.6 总出纳岗位说明书

总出纳岗位说明书内容具体见表 1 - 5。

表1-5   总出纳岗位说明

岗位名称	总出纳	岗位编号	AE - ACC - 005
直属上级	财务会计主管	所属部门	财务部
工资级别		直接管理人数	1
岗位目的	公司银行存款和现金的总额收支与管理		

工作内容:
(1) 及时反映企业资金信息,并向老板、总经理、财务总监报送,保证资金监督和预算工作的开展;
(2) 对核算会计传递的原始凭证与录入的记账凭证进行检查、监督;
(3) 负责办理公司大额资金收支结算业务工作;
(4) 定额拨付给出纳所需资金,保证公司经营活动的正常业务需要;
(5) 定期与会计、出纳核对银行存款、现金收支账,确保账账、账款相符;
(6) 负责银行票据、收款收据、发票的申购、保管、合法使用和及时缴销;
(7) 妥善保管印章、现金、票据和有价证券,发现遗失应及时报告;
(8) 工资发放日,协助财务人员办理配、换、找零现金事宜;
(9) 完成直接上级交办的临时任务。

工作职责:
(1) 对资金调度和资金使用计划汇报的准确性、及时性负责;
(2) 对银行存款账户和账户余额的准确性、保密性负责;
(3) 对货币资金和各种票据的安全性负责

与上级的沟通方式:
接受财务总监和财务部经理的口头及书面指导

同级沟通:
部门员工

给予下级的指导:
对本部门下属员工明确分工和业务指导

岗位资格要求:
(1) 教育背景:中专以上学历,财会相关专业。
(2) 经验:熟悉出纳岗位工作内容,从事过财会工作3年以上

岗位技能要求:
(1) 专业知识:熟悉会计基础知识、现金管理知识。
(2) 能力与技能:具有良好的职业操守和沟通能力,很强的责任心,计算机操作熟练

1.2.7 出纳岗位说明书

出纳岗位说明书内容具体见表1-6。

表 1 - 6　　　　　　　　　　　　　**出纳岗位说明**

岗位名称	出纳	岗位编号	AE - ACC - 006
直属上级	财务会计主管	所属部门	财务部
工资级别		直接管理人数	
岗位目的	公司银行存款和现金的收支与管理		

工作内容：
(1) 现金的日常收支和保管，银行账户的开户与销户；
(2) 清点各部门交来的各种款项，做到有问题当时问清并及时处理；
(3) 按财务规定做好报销工作和每天现金盘点，核对账目，补充备用金，定期编制出纳报表；
(4) 查实、汇报各银行账户余额，定期向财务总监汇报具体银行存款及备用金情况；
(5) 登记现金日记账，并结出余额，每月同会计对账与总分类账核对；
(6) 登记银行存款日记账，每月根据银行对账单进行核对，并同会计对账与总分类账核对；
(7) 收款收据、发票、空白银行票据的保管与开具，定期整理装订银行对账单；
(8) 办理工资银行卡，发放工资，办理各类信用卡，交存现金；
(9) 在保障安全、准确、及时办理资金收付业务的前提下，适当协助会计人员办理外勤工作；
(10) 完成直接上级交办的临时任务。
工作职责：
(1) 对银行存款账户和账户余额的准确性、保密性负责；
(2) 对货币资金和各种票据的安全性负责

与上级的沟通方式：
接受财务总监和财务部经理的口头及书面指导

同级沟通：
部门员工

给予下级的指导：
无直接下级，执行并及时完成好本职工作内容

岗位资格要求：
教育背景：中专以上学历，财务、会计相关专业。
经验：熟悉出纳岗位工作内容，从事过财会工作 1 年以上

岗位技能要求：
(1) 专业知识：熟悉会计基础知识、现金管理知识；
(2) 能力与技能：具有良好的职业操守和沟通能力，很强的责任心，工作细致认真负责，能够承受一定的工作压力，能适应快节奏的工作步调，熟练操作计算机及财务软件

1.2.8　资金会计岗位说明书

资金会计岗位说明书内容具体见表 1 - 7。

表 1 -7   **资金会计岗位说明**

岗位名称	资金会计	岗位编号	AE - ACC - 007
直属上级	财务会计主管	所属部门	财务部
工资级别		直接管理人数	
岗位目的	资金核算，编制资金需求与使用情况报表，应付账款工作统筹，内部账务处理		

工作内容：
(1) 负责公司资金核算，按月编制公司资金需求预算报表；
(2) 拟定公司资金管理办法，制订资金使用计划，并监督实施；
(3) 负责应收账款、应付账款的管理与核算，以及承发包工程款项的结算与支付；
(4) 及时清理债权债务，按权责发生制做好各项应收、应付款项的挂账工作；
(5) 统筹应付账款工作，复核应付账款报表，进行应付账款的账龄分析；
(6) 协助应付账款会计结账，定期与供应商、账务会计对账；
(7) 负责编制内部财务管理所需的各类费用、成本报表；
(8) 负责内部账务处理，单据保管、整理、装订成册和归档保管工作；
(9) 审核收付款单据，监督收付款情况；
(10) 完成上级交办的临时任务。
工作职责：
(1) 对资金需求和资金使用情况报表编制的真实性、准确性、及时性负责；
(2) 对内部财务管理各类费用、成本报表编制的及时性、准确性负责；
(3) 对应付账款统计分析的准确性负责；
(4) 对内部报表及凭证的保密性、安全性负责

与上级的沟通方式：
接受财务总监和财务部经理的口头及书面指导

同级沟通：
部门员工

给予下级的指导：
无直接下级，执行并及时完成好本职工作内容

岗位资格要求：
(1) 教育背景：中专以上学历，会计相关专业。
(2) 经验：3 年以上财会工作经验

岗位技能要求：
(1) 专业知识：熟悉会计核算和会计法规；
(2) 能力与技能：良好的与内部和外部客户的沟通技巧，很强的责任心，工作细致认真，善于思考，良好的计算能力、统计能力，具备一定的判断力，能承受一定工作压力，计算机操作熟练

1.2.9 应付会计岗位说明书

应付会计岗位说明书内容具体见表 1 -8。

表 1-8 应付会计岗位说明

岗位名称	应付会计	岗位编号	AE-ACC-008
直属上级	财务会计主管	所属部门	财务部
工资级别		直接管理人数	
岗位目的	应付账款的核算,结账与付款,应付账款报表编制		

工作内容:
(1)确保公司的支出及交易、采购、支付等政策得到严格有效的执行;
(2)审核采购提供的供应商基本资料,在应付账款管理系统中正确建立供应商资料;
(3)做好供应商采购订单跟踪管理,发票校验和付款申请工作;
(4)月底与仓库、采购对结账,月初与月结供应商对结账,确保应付账款的准确、无误、数据一致;
(5)检查已验收尚未收到发票的采购,如果超过合同期限应追查是否采取措施索取发票;
(6)每月5号前编制对账单,每月10号前编制应付账款报表,账龄分析报表,交资金会计审核;
(7)根据财务总监和总经理审核过的付款申请书,及时安排付款,对逾期付款业务做跟踪处理;
(8)积极参与公司应付账款业务、结算流程及其他相关工作流程的设计、改进和提高;
(9)协助资金会计编制材料采购、外发加工付款预算;
(10)完成上级交办的临时任务。

工作职责:
(1)对应付账款资料的收集整理及时性、完整性负责;
(2)对应付账款明细核算的真实性、准确性负责;
(3)对供应商对账单和应付账款报表编制的及时性、准确性负责

与上级的沟通方式:
接受财务总监和财务部经理的口头及书面指导

同级沟通:
部门员工

给予下级的指导:
无直接下级,执行并及时完成好本职工作内容

岗位资格要求:
(1)教育背景:中专以上学历,会计相关专业。
(2)经验:2年以上财会工作经验

岗位技能要求:
(1)专业知识:熟悉会计核算和会计法规,参加过电算化会计知识培训;
(2)能力与技能:良好的沟通能力和职业操守,很强的责任心,工作细致认真,善于思考;
(3)能承受一定的工作压力,计算机操作熟练

1.2.10 账务会计岗位说明书

账务会计岗位说明书内容具体见表1-9。

表1-9 财务会计岗位说明

岗位名称	企业财务主管	岗位编号	AE-ACC-009
直属上级	财务筹划主管	所属部门	财务部
工资级别	根据具体情况确定	直接管理人数	
岗位目的	日常账务处理，会计报表编制，登记及保管各类账簿		

工作内容：
（1）负责公司的会计核算业务，正确设置会计科目和会计账簿；
（2）负责公司日常账务处理，审查原始单据，整理会计凭证，编制记账凭证；
（3）负责编制公司的会计报表及财务分析报告；
（4）负责编制细化的公司财务分析报告，报领导备案决策；
（5）负责总分类账、明细分类账、费用明细账、固定资产账簿的登记与保管；
（6）负责分摊各种费用，计提固定资产折旧，核算各项税金；
（7）负责企业资产管理，并编制管理报表，做好固定资产账务盘点；
（8）定期对账，发现差异查明原因，处理结账时有关的账务调整事宜；
（9）审核、装订及保管各类会计凭证；
（10）完成上级交办的其他事项。

工作职责：
（1）对记账凭证填制的正确性、及时性、完整性负责；
（2）对会计报表及财务报告编制的真实性、准确性负责；
（3）对分管账簿登记工作的正确性、完整性、及时性负责；
（4）对会计档案资料的完整性、安全性负责

与上级的沟通方式：
接受财务总监和财务部经理的口头及书面指导

同级沟通：
部门员工

给予下级的指导：
对本部门下属员工明确分工和业务指导

岗位资格要求：
（1）教育背景：大专以上学历，会计及财务相关专业，初级以上会计师职称。
（2）经验：5年以上财会工作经验

岗位技能要求：
（1）专业知识：熟悉国家会计法规、税务相关政策；
（2）能力与技能：良好的沟通能力和职业操守，很强的责任心，工作踏实，做事严谨认真，细致认真，人品正直，能够承受较大的压力；熟练使用财务软件及办公软件

1.2.11 电算会计岗位说明书

电算会计岗位说明书内容具体见表1-10。

表 1 – 10 　　　　　　　　　　　　电算会计岗位说明

岗位名称	电算会计	岗位编号	AE – ACC –010
直属上级	财务会计主管	所属部门	财务部
工资级别		直接管理人数	
岗位目的	定期编报对外报表，用友软件凭证录入及报表生成，登记及分管存货账簿		

工作内容：

（1）按规定定期向有关部门报送相关报表（如统计报表、外资报表）与资料；

（2）负责公司用友财务软件的科目设置，记账凭证的录入；

（3）负责公司财务账目电脑查询，电算化资料备份和保管；

（4）负责公司原材料、生产成本、产成品等存货账簿的登记与保管；

（5）负责公司免抵退税申报系统的操作；

（6）完成上级交办的其他事项。

工作职责：

（1）对外报表编制的准确性、及时性负责；

（2）对电算化资料的安全性负责；

（3）对分管账簿登记工作的正确性、完整性、及时性负责

与上级的沟通方式：

接受财务总监和财务部经理的口头及书面指导

同级沟通：

部门员工

给予下级的指导：

无直接下级，执行并及时完成好本职工作内容

岗位资格要求：

（1）教育背景：中专以上学历，会计及财务相关专业。

（2）经验：3 年以上财会工作经验

岗位技能要求：

（1）专业知识：熟悉国家会计法规、税务相关政策；

（2）能力与技能：良好的沟通能力与学习能力，很强的责任心，工作踏实，做事细致认真，能够承受一定的压力；熟练使用财务软件及办公软件

1.2.12　成本会计岗位说明书

成本会计岗位说明书内容具体见表 1 – 11。

表 1 – 11　　　　　　　　　　　　　　**成本会计岗位说明**

岗位名称	成本会计	岗位编号	AE – ACC –011
直属上级	成本会计主管	所属部门	财务部
工资级别		直接管理人数	
岗位目的	成本核算资料的收集，成本报表的编制，成本资料的保管		

工作内容：
(1) 负责生产成本、制造费用、产成品的核算工作，编制有关的成本报表；
(2) 负责 BOM 表与工单资料的收集、整理与核对，以及相关资料数据的系统录入；
(3) 负责标准成本的计算，协助工程部门制定产品标准工时；
(4) 负责制造费用的分摊；
(5) 负责生产报表以及盘点表的收集查对、期末分摊计算在制品、制成品成本；
(6) 结转成本并根据公司的需要提供各种成本数据并对成本提出合理化建议；
(7) 负责指导、监督车间核算员、仓库管理人员做好财务数据收集工作；
(8) 负责原材料库、成品仓库报表的审核和对账工作；每月编制存货分析表；
(9) 负责组织对经管的各项存货进行定期或不定期盘点，监督盘点工作；
(10) 完成直接上级交办的临时工作。
工作职责：
(1) 对成本核算资料收集整理的准确性、完整性、及时性负责；
(2) 对成本报表编制数据的真实性、可比性、准确性负责；
(3) 对分管账簿登记工作的正确性、完整性、及时性负责；
(4) 对存货盘点负监督责任

与上级的沟通方式：
接受财务总监和财务部经理的口头及书面指导

同级沟通：
部门员工

给予下级的指导：
无直接下级，执行并及时完成好本职工作内容

岗位资格要求：
教育背景：大专以上学历，会计及财务相关专业。
经验：2 年以上财会工作经验

岗位技能要求：
(1) 专业知识：精通成本会计、财务管理，熟悉审计、计算机、ERP 系统等方面的知识；
(2) 能力与技能：具备实际操作能力，良好的沟通能力、部门协作与团队合作技巧，高度的责任心和敬业精神，保守公司秘密、恪守职业道德。电脑使用熟练

1.2.13　工资会计岗位说明书

工资会计岗位说明书内容具体见表 1 – 12。

表 1 – 12　　　　　　　　　　　　**工资会计岗位说明**

岗位名称	工资会计	岗位编号	AE – ACC – 012
直属上级	成本会计主管	所属部门	财务部
工资级别		直接管理人数	
岗位目的	工资核算，工资表编报与工资发放，会计对外事务的外勤工作		

工作内容：
(1) 负责公司管理层的薪资核算与薪资档案的保管；
(2) 负责工资核算文员工作的监督与核查；
(3) 负责公司个人所得税申报；
(4) 银行代发工资资料的报送，以及银行工资卡的发放管理；
(5) 负责公司社保登记、申报、缴交工作；
(6) 负责工资发放，工资分析报表的编制；
(7) 负责会计对外事务的外勤工作；
(8) 完成上级交办的临时工作。

工作职责：
(1) 对薪资核算的准确性、保密性、及时性负责，对薪资档案的安全性负责；
(2) 对工资明细核算员的工作负监督、核查之责任；
(3) 对编制的工资分析报表数据的合理性、可比性、准确性负责；
(4) 对外报送资料的正确性、及时性负责

与上级的沟通方式：
接受财务总监和财务部经理的口头及书面指导

同级沟通：
部门员工

给予下级的指导：
无直接下级，执行并及时完成好本职工作内容

岗位资格要求：
(1) 教育背景：大专以上学历，会计及财务相关专业；
(2) 经验：2 年以上财会工作经验

岗位技能要求：
(1) 专业知识：熟悉会计核算和会计法规，统计学，税收法规等方面的知识；
(2) 能力与技能：有工资核算经验，良好的沟通能力，工作细心谨慎，能承受工作压力，电脑操作熟练

1.3　新时代财务管理工作的核心价值

在科技不断发展以及经济全球化的推动下，客户对企业提供的产品及服务的需求愈发呈现出不确定性、高质量、低价格等特点，企业经营面临的内外部

压力越来越大。企业这种经济组织的创立是将盈利作为其经营目的，并且期望在经营中能够实现企业资产的增值，其经济效益产出能够促进企业的长远发展，因此，企业需要不断地加强内部管理以及市场、汇率、政策等诸多风险的预防及应对。企业管理包含了诸如人力资源管理、生产管理、市场营销、物流以及财务管理等，对企业管理而言，要想充分发挥多样性管理的系统性作用，就需要建立以财务管理为核心的管理体系，财务管理既可以贯穿于企业经营的全过程，又在企业管理诸多管理子系统中处于独立地位。随着我国改革开放的逐渐深入及不断完善的现代企业制度，更是引得企业在经营时要贯彻落实财务管理的核心作用。我国企业要大胆摒弃财务管理基础工作论的观点，放弃将财务管理仅作为企业发展的基础性工作的陈旧思维，尝试将财务管理打造成企业管理的中枢，更好地促进企业价值创造和可持续发展。

1.3.1 新形势下财务管理发挥核心作用的必要性

随着我国市场经济程度的不断加深，企业管理将财务管理作为核心是其经营的必然趋势，而全球经济一体化速度的加快使得企业之间的经营再无疆界可言，大量的跨国公司、中外合资公司等的进入，使得企业的财务管理工作面临重大的挑战，新的财务理念、方法以及更为复杂的管理范围都增加了当代企业管理的难度。企业筹资以及资金的使用都从传统的狭隘范围扩展到期货筹资以及企业兼并、收购等。因此，对企业来说，在新形势下加强企业的财务管理并发挥其核心作用极为迫切。

对企业的管理创新来说，财务管理是一个重要的切入点，企业的财务管理是其进行一切经营活动的重要基础，包括企业商品或服务的供、产、销以及物流等环节，每个环节所产生的财务信息均可为企业改善管理活动提供准确合理的资料。再次，企业财务管理的核心地位符合企业进行资本经营的需要，企业在价值管理理念的指导下，将资金管理作为企业管控的核心，使得企业中的各项管理工作都在企业增值指导下有效率地进行。最后，财务管理既是企业整个管理系统的引导者，又保持着较大独立性，财务管理活动涉及企业各项管理活动的方方面面，因此必须充分发挥其核心作用才能保障其应用的全面性。

1.3.2 我国企业财务管理并未发挥核心作用的原因

（1）我国企业尚缺少专业素质足够强的财务人员。对企业的经营管理来说，拥有丰富、完善的人力资源体系是其在知识经济时代取得经营突破的重要凭据。可是在中国最早的计划经济模式影响下，中国的企业呈现出"重技术、轻管理"等弊端，企业通常认为技术型人员能够为企业创造巨大的财富，是企业创新的动力源泉，而财务人员只从事日常的会计处理工作，且一直被认为是辅助性的工作，对企业提高效益、改善经营效率作用不大。再者，财务管理人员的培养、选拔机制存在一定的问题，企业通常"自产自用"，在内部择人提拔，这导致企业的财务管理人员即使专业性不强也没有危机意识。还有一个原因是从其他单位调派或引进专业素质高、工作能力强的财务人员，会引发企业内"关系""面子"过不去、排斥"外来和尚"等矛盾，由此会进一步引发内耗从而导致财务工作效率下降。

（2）企业对财务管理制度建设的认知及重视不足。受制于计划经济及企业管理的侧重点不同，目前我国部分企业的领导者以及财务部门对财务管理制度建设的认知及重视不足。虽然现在已经明显受到市场经济的冲击，但企业的财务管理还是没有作出必要且有效的回应，即不断地完善、建立健全财务管理制度，满足市场需求以及企业发展的要求。与此同时，企业内的坏账、错账等情况时有发生，这表明我国企业内部财务管理制度还存在着一些重大不足或漏洞。企业财务管理制度的残缺，导致了企业财务管理缺乏明确、清晰的目标，由此便加大了财务管理监督工作顺利开展的难度。市场经济不断深入发展，使得部分企业过多强调其经营权及自主权，却逐渐放松了对企业财务管理的常规监管和必要控制，这在某种程度上削弱了企业的财务管理力度，有的企业甚至由此导致了财务管理的杂乱无序。

（3）企业财务管理有关财务分析、监控的缺失。随着企业经营范围及规模的不断扩大，涉及的账目种类繁多，企业的财务管理已经不能提供企业正常运行之外的特殊状况，甚至连最基础的财务分析活动都比较缺乏。再者，企业的传统财务信息管理手段已经滞后于目前企业的紧迫需要，并且在市场环境下企业的财务管理与实际运营及外部环境逐渐脱节，由此导致了财务管理失去了针对性。另外，企业的财务管理明显暴露出对现金流动性的监控严重不足，有的企业仅专注于追求账目利润最大，这很显然是立不住脚的。在现实中偏重关注的"流动性现金"是企业经营绩效的重要反映，可是很多企业在利润和现金之间重视程度的协调上却难以有效兼顾，不少企业更加关注账面利润的额度，流动性现金的状况往往被忽视，因此便加剧了企业的运营风险。

1.3.3　加强财务管理核心地位的建议

（1）企业采取相关手段提升财务人员专业素养。在企业中发挥财务管理的核心作用不仅要求财务部门及从业人员做好本职工作，还需要其具备企业经营管理者、监督者的部分素养，这种双重身份的现实需要就要求财务人员必须增强自身的专业素质，提高专业素养和职业能力。首先，企业财务人员需要加强学习，内容包括会计基础理论、会计准则、财务通则及相关财务管理制度等。其次，企业财务人员需要加强技术培训，使财务人员充分掌握丰富的会计与财务理论及实践知识。加强与各职能、业务部门的沟通交流，保证企业管理工作的业财协同。再次，企业财务人员处于企业的核心部门，掌握着资金、信息等重要资源，因此，从财务人员自身来看，必须有良好的职业道德和操守，严格遵守国家的财经法规和纪律等，保持职业独立，杜绝假账。最后，在财务部门内部引入一定程度的竞争机制，并进行岗位评选、考核，择优录取，进而调动其积极性以及提高其创新能力。

（2）完善企业的财务管理体系。在市场经济的影响下，企业必须重视其财务管理工作，通过财务信息收集、反馈信息，为企业的后续经营、改善及流程优化提供必要的参考。首先，企业的领导层要对财务管理加强关注，在企业内营造相应的氛围，引导下级管理层以及基层员工强化财务管理理念，并增加企业实际经营中的实践；再次，企业应当在内部建立完善的财务管理体系，企业管理要遵循"财务管理"为核心的原则，各领导、各部门的工作在开展时要以"财务管理"为核心，以企业目标为共同目标，使得各项经营业务之间相互补充、配套；科学、合理的财务管理体系既能保证企业内部各部门的分权，又可以促使各部门的目标趋向于统一。可见，加强企业对财务管理制度的重视，就必须完善其内部制度建设，包括不相容职务分离、授权批准制度、预算控制制度以及风险防范制度等，加快制度建设，可以促进企业财务管理工作得以顺利开展。

（3）在企业财务管理工作中引进现代信息技术。企业在进行财务管理时要对一定时期的会计信息及相关数据资料进行分析，通过分析各项经济业务或各部门之间的经济关系，为企业的经济决策、财务监督与内部控制提供必要信息。因此，对企业来说，科学、合理的财务分析既可对历史经验进行总结，又可对未来发展进行预测，在市场经济条件下，加强财务分析对企业经营不可或缺。在"大智移云物区"等现代信息技术蓬勃发展时代，依赖信息技术形成的数据信息即是企业经营重要的生产资料，因此，对企业来说，在先进财务管理思想的指导下，在财务管理工作中使用网络技术以及现代通信技术，使企业内部的业务信息与财务信息趋于同步，并且实现企业有关经营信息的共享，已成为现代企业核心竞争力的重要标志。为此，基于网络技术等先进手段的财务信息化管理，须能助力企业对市场变化得以快速反应，及时匹配客户需求。同时，企业要充分利用现代信息技术手段，加强对企业流动性现金的管理，通过合理地筹资、用资以及产品和服务销售，减少企业的筹资成本、应收账款等，以保障资金的安全性和流动性。

总之，现代信息技术融合的财务管理，更有利于强化其在企业管理中的核心单位，这对现代企业聚合信息资源，提升创造价值能力，大有益处。

第 2 章　财务数据源

2.1　流程管理办法

本节将以××石油集团企业流程管理办法为例学习流程管理办法。

2.1.1　总则

（1）流程管理是现代化企业提升核心竞争力必备的管理工具，是实现战略目标落地，打造企业竞争优势软实力，构建新机制和强化执行力的坚实的基础。为此必须构建一整套科学的业务流程管理体制，建立运营的业务流程管理机制，依据《××石化管理标准化、信息化总体方案》的要求，在未来计划中实现业务流程标准化体系与全面实施业务流程化管理特制定本流程管理办法。

（2）本制度规定了流程体系建设中所有流程的建立、发布、维护、变更、优化和监控的职责和程序。

（3）本流程管理办法适用范围是：某石化总部职能部门、事业部/管理部、集团公司企事业单位、股份公司各分（子）公司业务流程管理。

2.1.2　建立流程管理办法原则

流程的建立、发布、维护、变更、优化和监控，应遵循以下原则：

（1）坚持服务于战略、核心业务的原则，保证流程与战略目标和业务发展的一致性；

（2）坚持流程与组织、岗位匹配原则，保证流程的完整性和畅通性；

（3）坚持流程体系与制度体系相匹配原则，流程体系是制度体系建设的基础，制度体系是流程体系运行的保障；

（4）坚持从简、有效原则，保证流程的可操作性；

（5）坚持集中管理的原则，保证流程体系的完整性、流程间的匹配性和流程描述的规范性。

2.1.3　流程体系建设与分层分类

（1）建立业务流程体系的主要原则。

①全面系统的原则。导入先进流程管理理念，涵盖所有业务领域，按行业价值链原则对业务流程进行科学分类和流程层级设定，自上而下建设业务流程体系。总体规划、科学实施，统筹协调制度标准化、内控制度修订、管理信息化工作。

②统一规范的原则。统一架构、统一模板、统一方法、统一步调，确保业务流程重要度、颗粒度一致，形成标准、规范的业务流程体系。

③实用效能的原则。从实际出发，体现某石化管理特点，满足经营管理需求。突出重点，明确关键要素，合理控制成本，提高工作效率。

④积极稳健的原则。流程"谁所有、谁主管"，加强领导，明确责任，细化措施，努力推进流程体系建设。"先试点、再推广"，总结经验，逐步推开，不断提升，稳健有序推进。

（2）业务流程的分层。企业业务流程架构是对企业全部业务流程有机联系的结构化反映，包括流程的分类以及流程的层级。图2-1是企业业务流程架构示意图，可以根据该流程架构制定业务流程架构，其中圆圈部分与业务总体框架相对应。

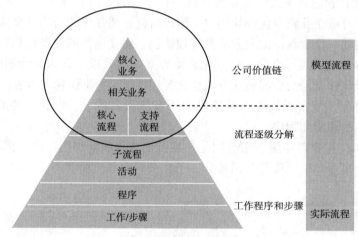

图2-1　业务流程架构

依据行业价值链分析原则，并参照××石化业务实际情况，确定××石化核心业务、配套业务和相关业务。

××石化业务流程的层级划分，依据通行的流程分级原则，并根据某石化业务和机构管理特点，初步确定××石化业务流程最多分为五个层级，基本可以满足总部职能部门、事业部/管理部和分（子）公司/企事业单位不同层面的业务管理需求。业务流程的层级具体如图2-2所示。

需要说明的是，大多数的业务流程分解至第三或第四层级时，就可落地执行，不需要进一步细分。具体描述如下：

①一级流程：价值链和支持流程。一级流程表示公司价值链的各主要价值创造环节和运营所必需的各支持环节。反映某石化的业务架构、整体的价值链和所有支持流程。一级流程可以反映整个公司业务组织的最高层次映射。

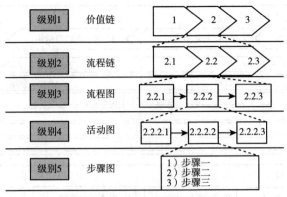

图 2-2　业务流程的层级

②二级流程：流程链。二级流程通常反映企业价值链内部业务领域，或职能领域的划分。在业务领域，二级流程通常可以反映某一大类业务的内部业务模型；在职能领域，二级流程通常反映构成某一职能内部的功能划分。

③三级流程：流程图。三级流程表述了某一个业务或职能领域的流程。由业务领域内一个或一组能够产生结果并相互连接的流程组成，属于中阶流程，也称为"域过程"。三级流程图能够反映业务活动在不同组织机构层次之间职责的分配。

④四级流程：活动图。四级流程代表组成流程的一系列的活动，反映完成某项业务活动的步骤，通常由一个部门的不同岗位或同一岗位完成，能够反映岗位职责。

⑤五级流程：步骤图。五级流程详细描述如何完成某个工作的步骤。每项代表要做的特定动作，即程序。步骤图通常由一个特定的岗位，依据一定的工作标准独立完成。

（3）××石化业务流程分类。根据集团公司制度标准化信息化项目所确定的业务分类原则将××石化业务流程分为 30 大类，其中主营业务、配套业务和其他业务类流程分为 12 大类，管理支持类流程分为 18 大类。具体业务流程分类如图 2-3 所示。

2.1.4　A 公司

（1）总裁办公会指定企业管理与改革部全面负责业务流程管理体系建设，相关部门参与业务流程的编制和参与业务流程评审。

（2）管理创新与改革部负责流程体系发布和维护。维护是指流程在执行过程中各种情况的收集和解释。

（3）日常运行业务级流程由相关负责业务操作的部门负责人根据公司的流程管理原则，制定和优化本部门的业务流程建议，并对流程的执行情况进行监控，在企业管理与改革部统一安排下参与由相关部门主持的有关本部门有关流程新增/变更的评审。并报企业管理与改革备案。

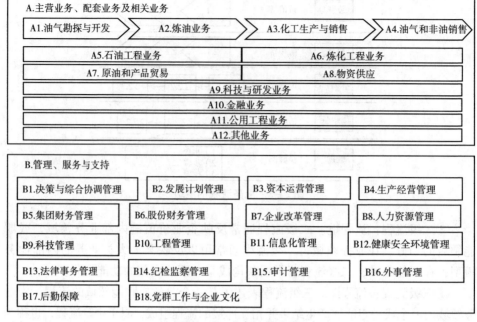

图 2-3　业务流程分类

2.1.5　业务流程管理规范

（1）流程分类一经确定，原则上不进行新增/变更，如果需要新增/变更，应由企业管理与改革部组织相关部门进行讨论。

（2）当企业某项业务发生改变或其他客观原因导致了已有流程不能较好地描述生产经营活动时，可以申请流程的新增/变更。

流程的新增/变更需求有三种：领导要求、流程执行检查结果和责任部门提出改进建议。

（3）流程的新增/变更由该流程的责任部门提出申请，填写《流程新增/变更审批表》，并附上原流程和新增/修改后的流程。

（4）企业管理与改革部对流程本身的规范性、与其他相关流程的匹配性、与规章制度和程序文件的关联性等进行审核，在《流程新增/变更审批表》上填写意见。

（5）由企业管理与改革部主任组织进行评审，业务部门的部门领导主持对流程新增/变更方案的讨论、修改和确认，并在《流程新增/变更审批表》上签署意见。

（6）总部层面跨部门新增流程和总部与下属分公司层面流程变更必须提交总裁办公会审批，总裁批准。

（7）流程新增/变更后，由企业管理与改革部负责流程清单相应内容的更改、版本号更新及流程备案，涉及规章制度和程序文件变更的，需提交相关责任部门进行变更，并纳入相关审批流程。流程发布由企业管理与改革部按发文的有关规定执行。

（8）各流程责任主体对所负责流程进行监控；企业管理与改革部依据企业管理与改革部集中汇总的流程问题每年组织至少一次流程执行情况检查，检查结果作为流程新增/变更的依据之一。

（9）每年底，企业管理与改革部应汇总各部门流程执行情况、流程检查情况和流程新增/变更情况，并出具业务流程管理年度报告。

2.1.6　流程描述

（1）流程描述主体：

业务流程；

部门/岗位；

时间顺序。

（2）辅助说明：

流程图名称的字体是华文细黑，字大小是 20 磅；

部门和岗位的字体是宋体，字大小是 14 磅；

流程图内中的字体是宋体，字大小是 8 磅；

必要的文字补充；

流程相关问题分析。

（3）文档信息：

流程编号；

版本信息。

（4）《流程新增、修订、作废审批表》。流程新增、修订、作废审批表具体见表 2 - 1。

表 2 - 1　　　　　　　　　　流程新增、修订、作废审批表

流程名称		流程编号	
流程类型	□公司核心流程	□日常运行业务流程	□临时性流程
流程基本内容描述、新增、修订、作废内容及原因描述			
流程图和流程图说明			
是否涉及相关业务部门	是，具体单位名称＿＿＿＿＿＿＿＿＿＿＿＿＿＿＿＿＿＿＿＿＿＿＿＿ 否		
申请单位			
申请单位部门领导签字	签字： 　　年　　月　　日		
管理与创新部意见	签字： 　　年　　月　　日		
管理与创新部主管副总经理签字	签字： 　　年　　月　　日		

2.2　业财融合

本节将以某电器公司财务业务流程为例描述了财务总账管理所涉及的业务流程和工作程序，以及在某 ERP 系统中的操作步骤。

主要包含了以下 12 个方面的内容：会计科目维护流程、凭证处理流程、总账凭证处理子流程、凭证更改流程、内部往来流程、外币重估流程、月末结账流程、报表合并流程、过渡期间报表合并流程、科目余额在线查询、FSG 报表定义、标准和客户化报表索引。

各子流程均包括以下内容：工作程序、流程图和操作指南。

2.2.1　会计科目结构

（1）会计科目维护流程。会计科目维护流程具体见表 2－2。

表 2－2　　　　　　　　　　会计科目维护流程

步骤	负责人	工作内容	输出单据	审批人	操作步骤
1	财务部	填写会计科目维护申请表，审批	会计科目申请表	财务经理	
2	维护人员	如不需要事业部统一维护，编写科目编码和相关信息，维护科目编码和相关信息，反馈给各部门			见维护会计科目表操作指南
3	事业部财务	如需要事业部统一维护，审批	会计科目申请表	事业部财务经理	
4	事业部维护人员	编写科目编码和相关信息，维护科目编码和相关信息，反馈给各部门			见维护会计科目表操作指南

（2）会计科目维护流程图。会计科目维护可用流程图 2－4 加以呈现。

（3）会计科目维护流程说明。各核算单位总账会计提出增加段值的申请，经财务经理审批后，如果是单独维护的数据，由本公司维护人员在系统中维护，如果是统一维护的数据，报事业部财务部审批后，由事业部维护人员负责在系统中维护。

本流程适用于各核算账套维护人员及事业部维护人员。

（4）会计科目结构。各核算账套的会计科目结构相同，包括内容见表 2－3。

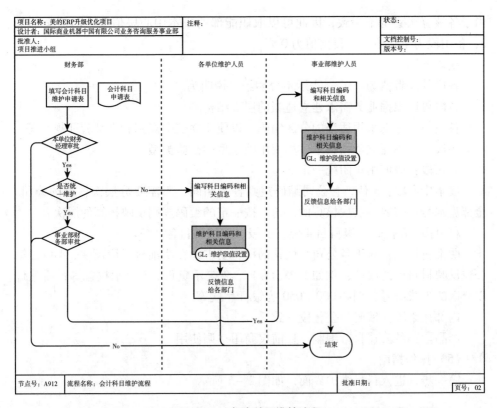

项目名称：美的ERP升级优化项目		注释：		状态：	
设计者：国际商业机器中国有限公司业务咨询服务事业部					
批准人：				文档控制号：	
项目推进小组				版本号：	
节点号：A912	流程名称：会计科目维护流程			批准日期：	页号：02

图 2-4　会计科目维护流程

表 2-3　　　　　　　　　　　　　　**会计科目结构**

段	公司段	成本中心段	科目段	明细科目段	内部往来段	产品段	备用段
值集	独立 3 位	独立 5 位	独立 8 位	独立 4 位	独立 3 位	独立 4 位	独立 6 位
弹性域 限定词	平衡段	成本中心段 辅助段	自然科目段		公司间段		

　　公司段、科目段和内部往来段各个账套一致，由事业部统一维护，其中，内部往来段的值集和公司段相同。其他的段各账套单独设置，分别维护。

　　启用公司间段，可以使用系统提供的公司间事务处理功能，进行一些自动凭证的处理，方便快捷。内部往来段主要用于标识内部和关联方交易，以便合并抵销。

　　启用辅助段，将辅助段与成本中心段合二为一，在年末结账和汇率重估时，保证成本中心的借贷平衡。

　　产品段主要反映公司的产品，可以记录产品的收入、成本以及利润，便于对产品的各项指标进行分析。

　　合并账套会计科目结构：公司段、成本中心段、科目段、内部往来段和备用段，其中公司段、科目段和内部往来段与核算账套的值集一致，成本中心段由于各核算账套均不一致，因此可以取职能部的成本中心段值集，但值全部为0，备用段为单独值集，目前值为0。

编码规则：

各段的缺省值为"0"，表示不分明细，说明为"-"。

各段可以根据业务需求建立适当的层次结构。

各段值应考虑采用适当的分区编码，以便建立安全规则和交叉验证规则等。

各段值间不建立依赖关系，均使用独立型的校验类型。

公司段：段值由集团统一定义。

成本中心段：5位，各公司编码规则各不相同。不需要分层次核算的公司，全部流水号；需要分层次核算的公司，按一定的编码规则反映核算的层次。

科目段：8位，一级科目4位，二级、三级科目各2位。

明细科目段：对于各公司个性化的核算要求，在明细科目段反映，4位，第一位反映科目段的属性，例如1表示资产，2表示负债，3表示权益等；后三位以分区的方式编号，例如000-050为银行存款等。

内部往来段：编码与公司段一致。

产品段：各公司自行编制，目前仅商用空调使用。

（5）操作指南。

第一步，进入科目维护界面，如图2-5所示。

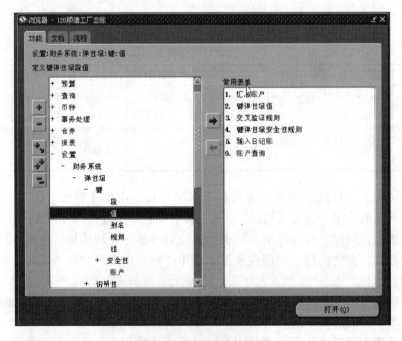

图2-5　打开值维护界面

路径：设置→财务系统→弹性域→键→值。

第二步，输入会计科目所属值集。如图2-6、图2-7、图2-8所示。

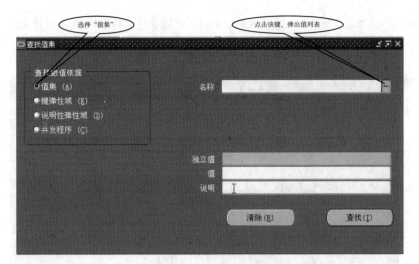

图 2 - 6 查找值集界面

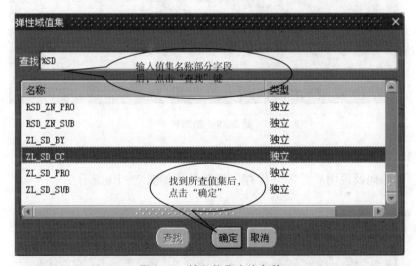

图 2 - 7 输入值集查询条件

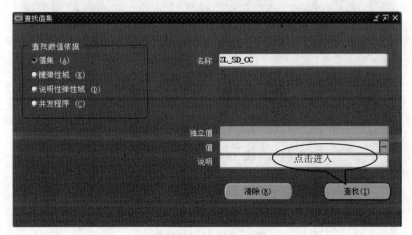

图 2 - 8 查看值集

第三步，点击"查找"键进入后，按工具栏■键，新增段值。具体如图2-9所示。

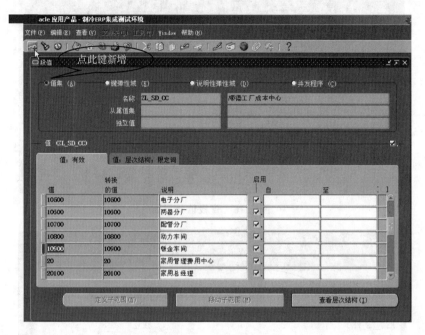

图2-9 新增值

第四步，在"值：有效"标签卡中输入需维护的段值（如成本中心、明细科目）的编码及说明后，按"保存"键确认。如图2-10所示。

图2-10 维护值信息

值、转换的值：均指设置的科目代码。

说明：指设置的科目的说明。

启用：勾选表示可用。

自_至_：指所设置的科目的有效时间段，一般不输。

第五步，维护父值范围。若所新增段值为子值，需查看其所属父值的范围是否包含该子值。若不包含，则需在父值范围中维护。

如上例中，新增段值 10901 为子值，从属父值 10。则选中父值，点击"定义子范围"。如图 2－11、图 2－12 所示。

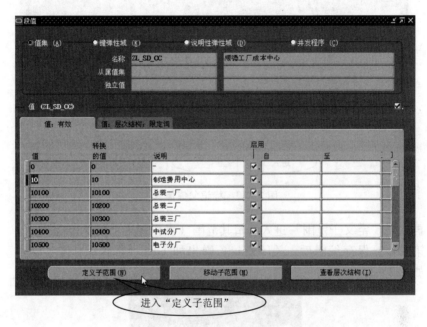

图 2－11　定义值子范围

图 2－12　定义值子范围信息

若所新增段值为父值，先点击"值：层次结构，限定词"，勾选"父"值框。如图 2 – 13 所示。

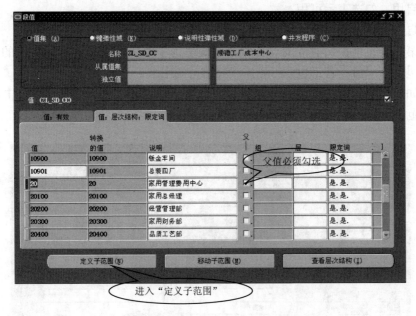

图 2 – 13　标记父值信息

再点击"定义子范围"进入编辑其范围（操作同上"维护范围"）。

第六步，保存编辑后，关闭窗口，弹出如下图对话框，点击"确定"，即可。如图 2 – 14 所示。

图 2 – 14　编译值集分层请求

2.2.2　凭证处理流程

（1）工作程序。

工作程序具体见表 2 – 4。

表 2 – 4　　　　　　　　　　　　凭证处理流程

步骤	负责人	工作内容	输出单据	审批人	操作步骤
1	财务部	应收模块信息导入总账			见应收模块检查及数据传总账

续表

步骤	负责人	工作内容	输出单据	审批人	操作步骤
2	财务部	应付模块信息导入总账			见应付模块检查及数据传总账
3	财务部	资产模块信息导入总账			见资产用户手册
4	财务部	公司间事务处理信息导入总账			见公司间事务传总账
5	财务部	从总账接口表引入采购模块信息			见采购、库存模块数据传总账
6	财务部	从总账接口表引入库存模块信息			见采购、库存模块数据传总账
7	财务部	总账手工处理凭证			见总账凭证处理子流程
8	财务部	总账日记账过账			见日记账过账
9	财务部	总账凭证打印、装订			

（2）流程图。

流程图具体如图 2 - 15 所示。

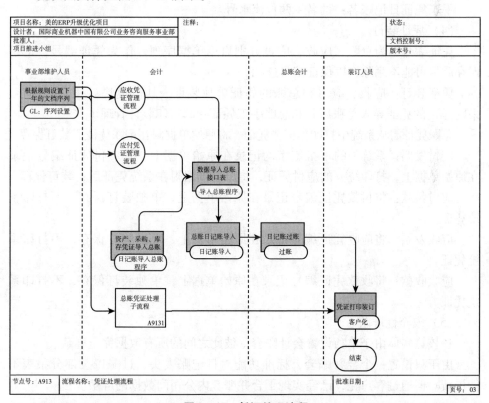

图 2 - 15　凭证处理流程

（3）流程说明。

总账模块汇总来自各个子模块的凭证数据，与总账手工凭证一起审核、过账，形成总账科目余额。总账的凭证与子模块的凭证分开装订。

本流程适用于总账主管人员。

凭证来源与分类：某 ERP 系统通过来源区分凭证是来自哪个子模块，包括应收、应付、资产、库存、采购和其他外部系统的数据，以及总账的凭证。

对于不同来源的凭证，将涉及的凭证类别见表 2–5。

表 2–5　　　　　　　　　　　　　　凭证类别

凭证来源	主要的凭证分类
应收账款	销售发票、借项通知单、贷项通知单、贷项通知单核销、商业收据、杂项收款、调整等
应付账款	采购发票、付款等
库存	库存、在制品
采购	接收
资产	增加、调整、报废、重新分类、传送、重估折旧、递延折旧、折旧调整等
总账	记账凭证、公司间凭证、经常性、成批分摊、重估等
预算日记账	预算

手工凭证批名：公司字母缩写 + 两位年 + 两位月 + 两位流水号。

手工凭证日记账名：批名 + 两位流水号。

（4）凭证装订。

凭证编号：为总账、应收、应付分别启用单据序列，作为凭证编号；记录保存后尽可能不删除，以保证编号连续。

凭证装订：应收、应付和总账的凭证单独装订，其他模块（资产、库存、采购等）的凭证导入总账后，和总账手工凭证一起打印装订管理。

总账凭证需从系统中打印出记账凭证，将原始单据附在记账凭证后装订保存。

应付发票：系统外的审批签字均记录在原始单据上，将应付凭证编号记录在原始单据上，打印统一的应付凭证，将原始单据附在系统凭证后，装订保存。

应付付款：将付款凭证编号记录在原始单据上，单独装订保存，不打印系统凭证。

应收发票：将应收凭证编号记录在原始单据上，单独装订保存，不打印系统凭证。

应收收款：将收款凭证编号记录在原始单据上，单独装订保存，不打印系统凭证。

（5）安全性屏蔽。

各核算实体由于单独设置会计账套，彼此之间的所有数据完全屏蔽。

由于只设置一个合并账套，标准功能对日记账表头、过账以及部分报表不能屏蔽。但通过客户化，已经实现了合并账套内公司间数据的屏蔽。

2.2.3　总账凭证处理子流程

（1）工作程序。

工作程序具体见表 2–6。

表 2-6   凭证处理子流程

步骤	负责人	工作内容	输出单据	审批人	操作步骤
1	财务部	手工输入凭证			见手工录入日记账
2	财务部	定义经常性凭证模板			见定义经常性凭证模板
3	财务部	生成经常性凭证			见生成经常性凭证
4	财务部	定义、生成成批分配凭证			因一般不使用，故操作步骤暂略
5	财务部	公司间事务处理			见内部往来流程
6	财务部	外币重估			见外币重估流程
7	财务部	日记账过账			见日记账过账

（2）流程图和流程说明。

流程图和流程说明具体如图 2-16 所示。

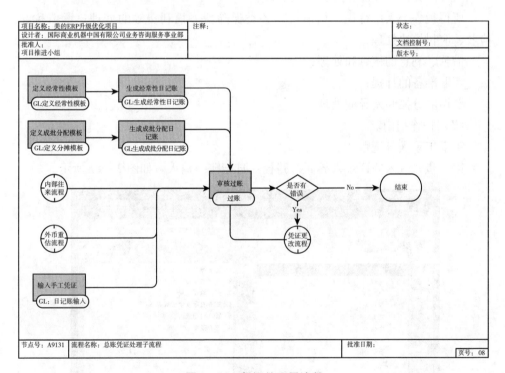

图 2-16 凭证处理子流程

（3）流程说明。

总账会计在总账中输入手工凭证，对于一些经常发生的凭证，可以通过定义经常性模板和成批分配模板，定期生成总账凭证。除了这些来源外，内部往来和外币重估也会生成总账凭证。总账会计对总账凭证进行复核过账，过账后的凭证如果发现问题需要修改，可以冲销。

本流程适用于一般总账操作人员。

（4）凭证审批。

采用编制人自审批的方式。

子模块导入的凭证不启用日记账审批功能。

（5）总账凭证的自动处理。

自动冲销：系统提供了自动冲销日记账的功能，可以根据日记账类别选择自动冲销的方式，切换借贷项或红字冲销。

对于一些本月输入凭证、下月冲销的业务，可以在本月输入凭证时即计划冲销日记账的期间，冲销日记账生成的方式有两种，一个新期间打开时自动生成冲销日记账，或手工运行日记账冲销程序。

（6）总账中手工凭证的业务。

实收资本、资本公司、盈余公积等权益核算；

本年利润、利润分配、以前年度损益调整等利润核算；

工资的计提，发放在应付模块处理；

所得税、个人所得税、增值税、各类保险费、福利费等的处理；增值税在应收、应付模块处理；

借款、利息的核算和处理；

坏账准备的计提；

费用的分摊和差异的处理。

（7）操作指南。

①手工录入日记账。

第一步，进入凭证录入界面，路径：日记账→输入。如图 2 - 17 所示。

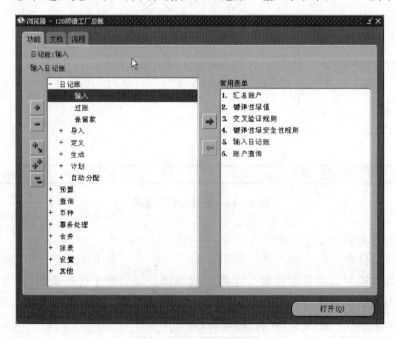

图 2 - 17　输入日记账

第二步，点击"新建批"，进入建立批界面。如图 2 – 18 所示。

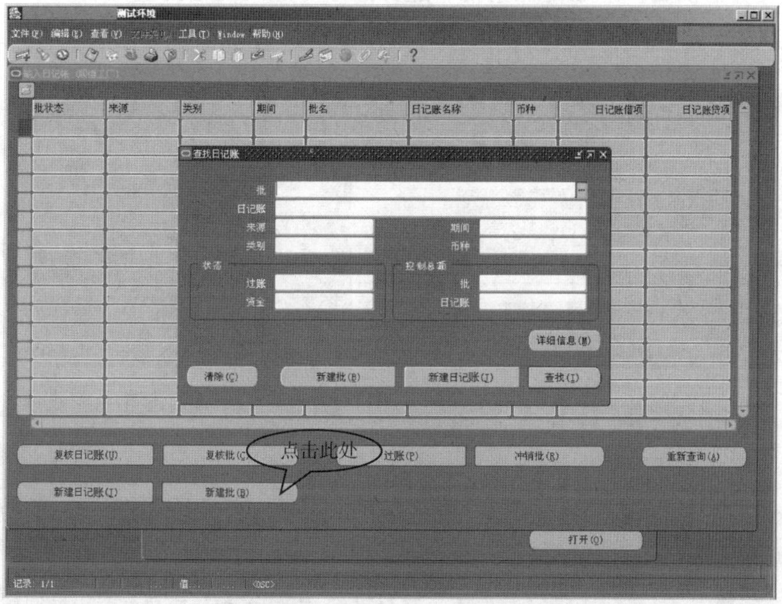

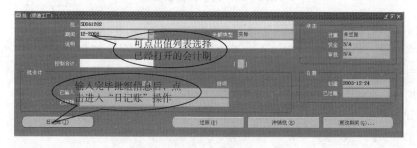

图 2 – 18　新建日记账批

第三步，进入建立批界面操作，输入批组信息。如图 2 – 19 所示。

图 2 – 19　维护批信息

②输入批组信息。

批组：批名称，手工凭证的命名规则为：公司字母缩写 + 两位年 + 两位月 + 两位流水号；也可由系统自动生成。

周期：输入批组内的日记账所属的会计期。

余额类型：缺省为实际的，实际的相对与预算而言。

说明：批组的摘要，可以缺省。

总额控制：一批中借方或贷方金额总数（建议不输）。

状态：过账状态缺省为未过账的，资金状态取决于是否在系统中启动了预算，如启用了则缺省为要求，审批缺省为 N/A。

说明：在一批下可以输入多笔分录。批组控制有助于查询在同一批下的若干日记账。若录入日记账前，未使用批组控制，系统会为单独的每一笔日记账自动生成一个批名。过账时根据批名选择过账。建议使用批组控制。

第四步：点击"日记账"，进入日记账界面操作。如图 2 - 20 所示。

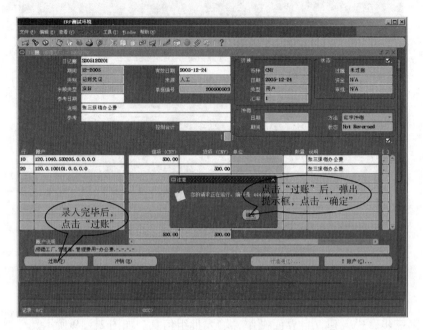

图 2 - 20　维护日记账信息

③输入日记账。

日记账：分录名称，可以自定义（定义规则：批名 + 两位流水号），也可由系统自动生成。

周期：分录所在的会计期，与批组中的周期一致。

分类：可通过值列表选择记账凭证的类型，缺省为"记账凭证"。

余额类型：表示实际的。与批组中的金额类型一致。

说明：分录摘要，输入后会自动带到行信息处。

总额控制：一张日记账中包括的分录总金额（建议不输）。

有效日期：日记账的日期，默认当前日期，若选择的是上一会计期，则该日期缺省为上一会计期的最后一天。

来源：手工，表示手工输入的。

转换：输入币种及外币的汇率类型。对于外币，需要选择汇率日期及汇率类型。建议用公司汇率，因为公司汇率在系统中统一定义，如果选择用户汇率，则可以手工定义。本位币可以缺省。若输入的为统计账户的统计量，则选择币种 STAT。

行：分录行的编号，如 10、20、30 等。

账户：分录行中的借贷账户。

借项/贷项：输入分录行的借贷方金额。对于外币则录入原币金额，系统将自动根据汇率值进行换算。

选择存盘：日记账录入完毕后，可单击"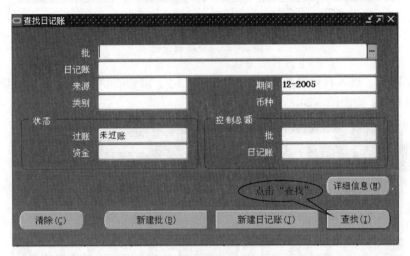"按钮，存盘并继续录入。

过账：点击"过账"，在日记账录入界面可以直接将日记账分录过账，此时过账是将该日记账所属批中所有日记账全部过账。

已建立的批，如未过账，则可继续录入日记账，步骤如下：

第一步，查找出需增加日记账的批，输入查询参数，点击"查找"。如图 2 – 21 所示。

图 2 – 21　查看日记账

第二步，选中批，点击"复核批"。若点击"复核日记账"，则仅能修改所选择的日记账，不能在该批下新建日记账。如图 2 – 22 所示。

图 2 – 22　复核日记账批

第三步，进入批界面，点击"日记账"。如图2-23所示。

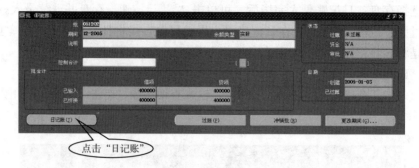

图2-23 复核日记账

第四步，进入日记账界面后，通过向上向下键查看该批下所有日记账，及新增日记账。如图2-24所示。

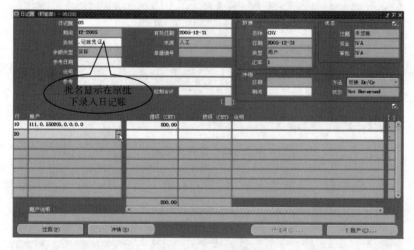

图2-24 新增日记账行

④定义经常性凭证模板。

经常性凭证主要适用于定期发生的一些重复性分录的处理，如费用的预提和分摊、待摊，税金的计提等分录的定义与生成等。在总账模块中定义重复性分录公式，定义之后，定期运行这些公式即可得到所要的分录，避免了重复性的手工录入工作。

总账模块能提供三种类型的重复性分录：

框架分录：仅有分录的借贷方科目，金额需要手工补充。

标准分录：有借贷方及金额，但借贷方金额是固定数。

公式分录：有借贷方及金额，借贷方金额是变量，其值据变量的值来定。

经常性分录是手工对分录的每一行都指定一公式，一个公式只能得到一个分录行金额。典型的业务根据收入计提税金等，可用于生成所有的重复性分录。

具体操作步骤：

第一步，进入定义经常性凭证界面，路径：日记账→定义→经常性。如图 2 - 25 所示。

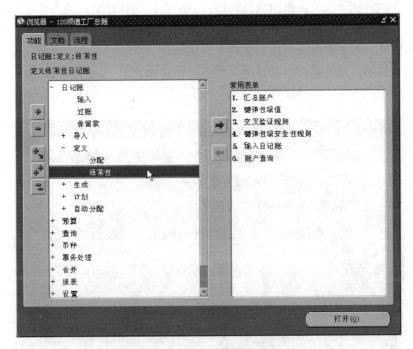

图 2 - 25　定义经常性日记账模板

第二步，输入批组名及说明信息：该批组名将作为生成的重复性分录批组名的一部分。如图 2 - 26 所示。

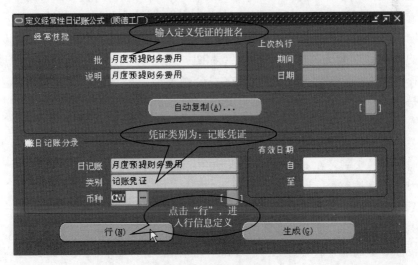

图 2 - 26　维护模板信息

经常性批：定义经常性凭证的批名及说明。

自动复制：若需借用其他批组的经常性分录公式，则选择自动拷贝批组，并选择相应的批组名。

上次执行栏：标明该批组执行的最后一个会计期和日期，是不可输入的。

输入日记账分录名称及类别：该名称将作为重复性分录名的一部分，类别为记账凭证。在一批组下可以定义若干日记账分录。

有效日期：该公式的有效日期范围，可不输入。

第三步，进入行编辑屏幕。如图 2-27 所示。

图 2-27　维护模板行信息

选择栏目：每一栏代表一个分录行，输入栏目所在的行数及该行账户。

输入该栏目的描述（任选项）：该描述将作为对应分录行的描述。

输入该分录行的计算公式（或计算步骤）：该公式可以是常数，也可以是带变量的公式。变量为某账户某期间（本期、上一期、上年同期等，在"期间"栏选择）的余额（或本期发生额，在"金额类型"栏选择）。公式将决定该分录行是如何计算其金额的。如要定义框架分录，则只需输入该行的账户即可，无须输入公式。

公式输入举例说明如下：

输入计算公式：A×B，则应输入：

因子运算符解释。

A 输入：输入 A 后，后跟输入操作符，用以分离第二个值。

B×输入 B 后，规定×运算操作符，用以执行于 A 的乘法运算第四步，运行成批转移。查询成批转移并选择"运行"，某 ERPAssets 将提交并发进程以执行转移。

第四步，类似输入分录的其他行。

第五步，最后增加自动抵消行，并定义自动抵销行的账户，同输入分录的其他行。其作用是当定义的分录借贷不平时，将差额记入该账户，该行的行号特定为 9999，然后存盘完毕。

⑤生成经常性凭证。

路径：日记账→生成→经常性。进入后，选择要运行的重复公式及运行的会计期，会计期决定了系统生成的分录所在的会计期。系统产生一后台进程，进程完毕后，分录生成；如图 2 - 28、2 - 29 所示。

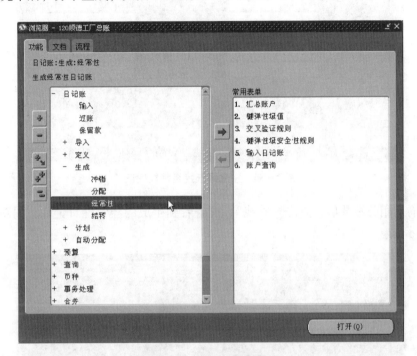

图 2 - 28　生成经常性凭证

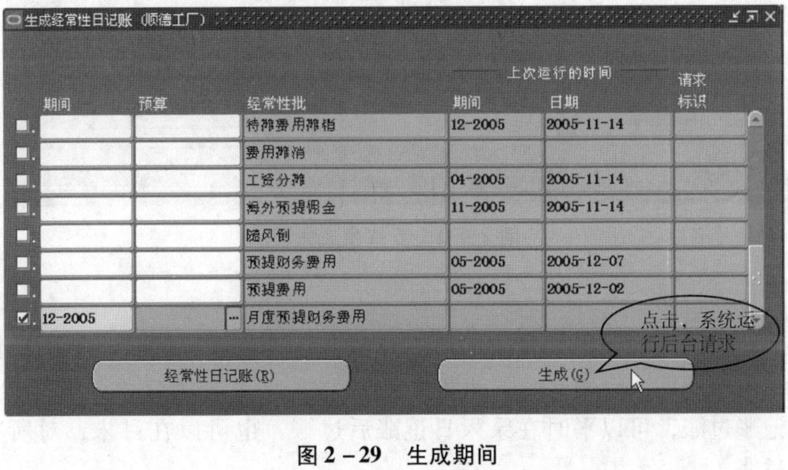

图 2 - 29　生成期间

建议：该操作一般在期末过账及相关科目的余额已确定之后再提交运行。

后台请求运行完毕后，可进入日记账界面察看运行生成的日记账，路径：日记账→生成。如图2-30所示。

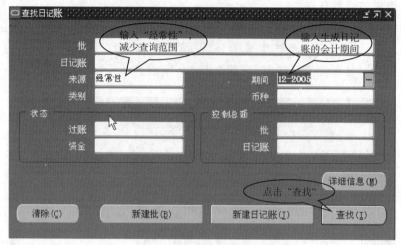

图2-30 按来源查找经常性凭证

输入相关参数后，点击"查找"，可查看到生成的经常性日记账。如图2-31所示。

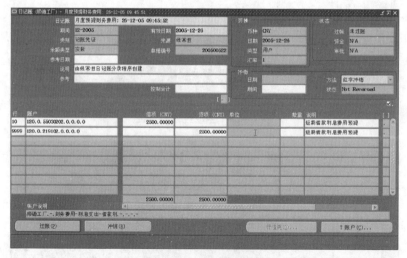

图2-31 复核生成凭证

⑥日记账过账。

月末结账时应确保当期发生的所有业务已正确入账，并将当期的日记账过账，以结出本期期末余额，及下期期初余额。

日记账过账，可以平时在录入日记账后过账，也可以在月末，对所有日记账集中过账。

日常过账：在录入完毕日记账，存盘后，点击"过账"，具体操作见：手工录入日记账。

月末集中过账：路径：日记账→过账，输入期间，查找出该期间所有未过账批。如图 2 - 32 所示。

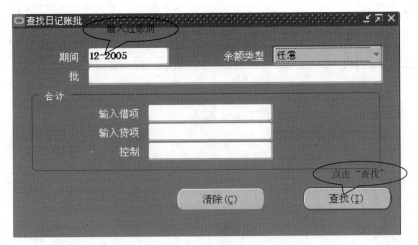

图 2 - 32　查找需要过账凭证

选中所有准备过账的分录批组左边的小方框，点击"过账"。系统提交后台请求，请求运行完毕后，过账完成，相应科目的余额被更新。如果日记账不能通过过账的，系统会有相应的提示。如图 2 - 33 所示。

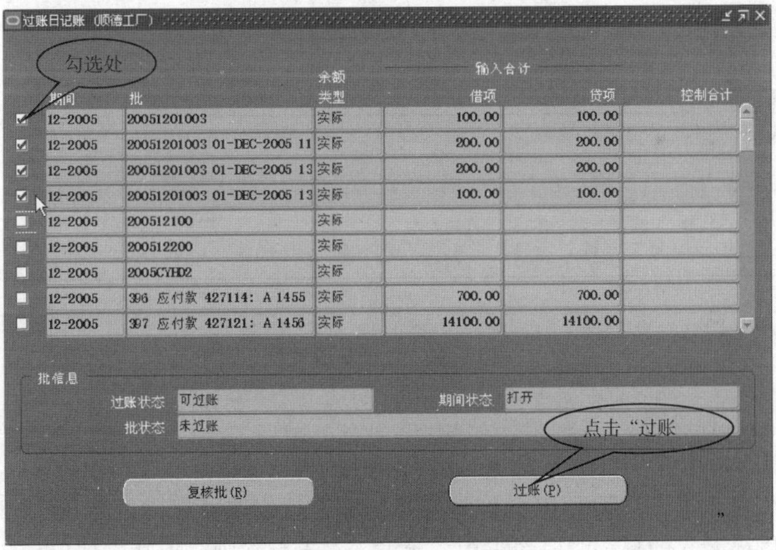

图 2 - 33　确认过账凭证

2.2.4　凭证更改流程

（1）工作程序。

工作程序具体见表 2 - 7。

表 2 – 7 凭证更改流程

步骤	负责人	工作内容	输出单据	审批人	操作步骤
1	财务部	总账未过账的手工凭证更改			见总账未过账的手工凭证更改
2	财务部	总账已过账的手工凭证更改			见总账已过账的手工凭证更改
3	财务部	子系统导入凭证更改			见子系统导入凭证更改

（2）流程图和流程说明。

流程图和流程说明具体如图 2 – 34 所示。

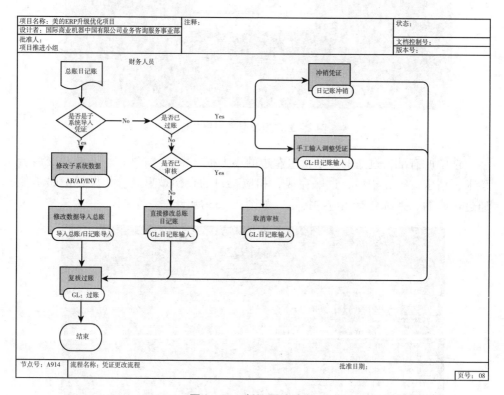

图 2 – 34 凭证更改流程

（3）流程说明。

目前，系统中对总账日记账未启用审批流程。

日记账未过账：某 ERP 允许直接日记账进行修改及删除，建议不采用删除方式，因已录入的日记账已经占用系统编号，若删除则出现断号现象。

日记账已过账：某 ERP 对已过账的日记账有两种处理方法：其一为针对需要更改的部分，重新制作相应的更改凭证；其二将原有错误的日记账进行反冲处理，产生相应的反冲日记账后再根据正确的业务重新制作生成日记账。

其他模块引入总账后发现的错误要在其业务发生的模块进行业务修改。业务修改正确后，再重新引入总账系统。

本流程适用于一般总账操作人员。

（4）操作指南。

①总账未过账的手工凭证更改。

第一步：进入路径：日记账→输入，进入查询日记账界面。如图 2－35 所示。

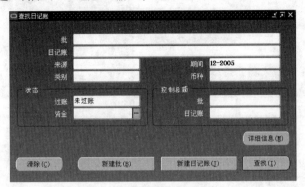

图 2－35　查找待更正凭证

可选择上图列表框中任意参数输入，以便快速查出需调整的日记账分录所在的批组：

批、日记账：可输入确定的批名或日记账名。

来源：可选择人工、经常性、成批分配、重估等。

类别：选择记账凭证。

期间：可选择需调整的日记账所属期间。

币种：选择需调整的日记账的币种。

状态：选择过账状态"未过账"或"已过账"。

资金、控制总额：一般没有"4. 选择要报废资产的折旧账簿"。

第二步：查找出分录所在的批组，选中该行，点击"复核日记账"，在该日记账界面直接调整。如图 2－36、2－37 所示。

批状态	来源	类别	期间	批名	日记账名称	币种	日记账借项	日记账资项
未过账	人工	记账凭证	12-2005	200512	051201	CNY	500.00000	500.00000
未过账	人工	记账凭证	12-2005	20051201003	20051201003	USD	100.00	100.00
未过账	人工	记账凭证	12-2005	20051201003 01-DEC-	20051201003	USD	200.00	200.00
未过账	人工	记账凭证	12-2005	20051201003 01-DEC-	20051201003	USD	200.00	200.00
未过账	人工	记账凭证	12-2005	20051201003 01-DEC-	20051201003	USD	100.00	100.00
未过账	应付款	付款	12-2005	395 反付款 427114:	付款 USD	USD	100.00	100.00
未过账	应付款	付款	12-2005	395 反付款 427114:	付款 CNY	CNY	500.00000	500.00000
未过账	应付款	采购发票	12-2005	395 反付款 427114:	采购发票 USD	USD	100.00	100.00
未过账	应付款	付款	12-2005	397 反付款 427121:	付款 CNY	CNY	14000.00000	14000.00000
未过账	应付款	采购发票	12-2005	397 反付款 427121:	采购发票 USD	USD	100.00	100.00
未过账	应付款	付款	12-2005	400 反付款 427268:	付款 CNY	CNY	14000.00000	14000.00000
未过账	应付款	付款	12-2005	400 反付款 427268:	付款 USD	USD	100.00	100.00
未过账	应付款	采购发票	12-2005	400 反付款 427268:	采购发票 CNY	CNY	30000.00000	30000.00000
未过账	应付款	采购发票	12-2005	402 反付款 427340:	采购发票 CNY	CNY	10000.00000	10000.00000
未过账	应付款	采购发票	12-2005	435 反付款 429580:	采购发票 CNY	CNY	141403.00000	141403.00000
未过账	应付款	付款	12-2005	397 反付款 433551:	付款 CNY	CNY	70477.88000	70477.88000

复核日记账(D)　复核批(C)　过账(P)　冲销批(R)　重新查询(A)

新建日记账(I)　新建批(B)

点击，进入

图 2－36　复核待更正凭证

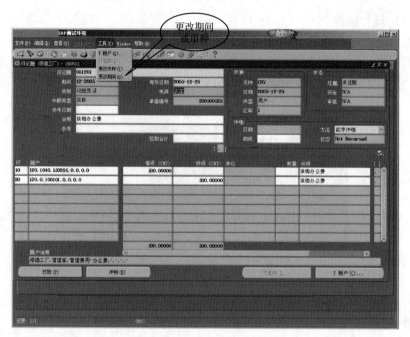

图 2 - 37　更正凭证

②未过账的日记账可做如下调整：

删除：选中日记账，直接点击 按钮，可删除整张日记账。

更改摘要、账户、金额：直接在说明上、账户上或借项、贷项上修改。

更改会计期：在菜单栏，工具→更改期间，输入更改的会计期。

更改币种：在菜单栏，工具→更改币种，输入更改的币种。

说明：若调整完毕后还需要查找其他日记账调整，可点击 ，重新查找。

总账已过账的手工凭证更改：

若分录已过账，则可补记一张凭证或将原分录冲回。补记一张凭证同输入新的日记账，冲回操作如下：

第一步，日记账→输入，进入查询日记账界面，选出要冲销的日记账批（操作同上）。

第二步，选中要冲销的日记账批，点击"冲销批"，选择周期即冲回分录所在的会计期，选择冲销方法。如图 2 - 38 所示。

图 2 - 38　选择冲销方法

➢ 红字冲销：指生成分录与原分录一样，金额对应为负。

➢ 切换借项/贷项：指生成分录与原分录借、贷方反向。

➢ 使用默认值：指系统预置的冲销方式，一般指"红字冲销"。

确定后，系统运行一后台请求，请求名为取消日记账。请求运行完毕后，系统自动生成一冲回分录。

分录批组名规则为："反冲"＋被取消的日记账名称＋取消时间＋请求号。同时原分录的状态变为取消的。将该批过账，则原分录得以冲回。

子系统导入凭证更改：子模块引入总账后发现的错误的，不允许在总账模块调整日记账信息，要求直接冲销日记账（操作同上）。另在具体业务发生的模块进行业务修改，业务修改正确后，再重新引入总账。

2.2.5 内部往来流程

（1）工作程序。工作程序具体见表 2－8。

表 2－8 内部往来流程

步骤	负责人	工作内容	输出单据	审批人	操作步骤
1	发送公司财务	输入公司间事务、提交			见 发送公司事务输入、提交
2	接收公司财务	复核公司间事务、审批			见 接收公司事务复核、审批
3	发送、接收公司财务	生成总账日记账			见公司间事务传总账
4	发送、接收公司财务	日记账过账			见总账日记账过账

（2）流程图。流程图和流程说明具体如图 2－39 所示。

①流程说明。有往来业务的双方公司之间，启用总账中公司间事务处理的功能，以核算彼此的往来业务，系统保证彼此往来金额的一致和入账时间的一致。往来业务的发起方，输入公司间事务处理，提交对方公司审批，对方公司复核审批后，双方运行传送程序，生成总账日记账。

公司间事务处理平台，只能处理一对一的往来业务。

②适用的业务情形包括资金往来、费用列转、税金列转等。

各公司间的材料、产品的内部销售和买卖业务，在应收、应付模块处理，具体参见《应收用户手册、应付用户手册》。

与系统外内部单位的往来：与系统外的一些内部单位发生的往来，例如海外营销与风扇公司的往来，处理模式与现在一致（即不通过内部往来平台操作），双方各自入账，但需要在内部往来段中反映风扇公司，月末财务进行对账。

（3）操作指南。

①发送公司事务输入、提交（发送公司总账账套）。

第一步，路径：事务处理→输入，点击"新建"，输入公司间事务处理。如图 2－40、图 2－41 所示。

输入公司间事务界面信息：

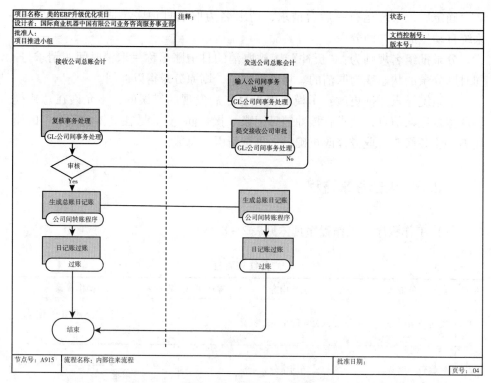

图 2 – 39　内部往来流程

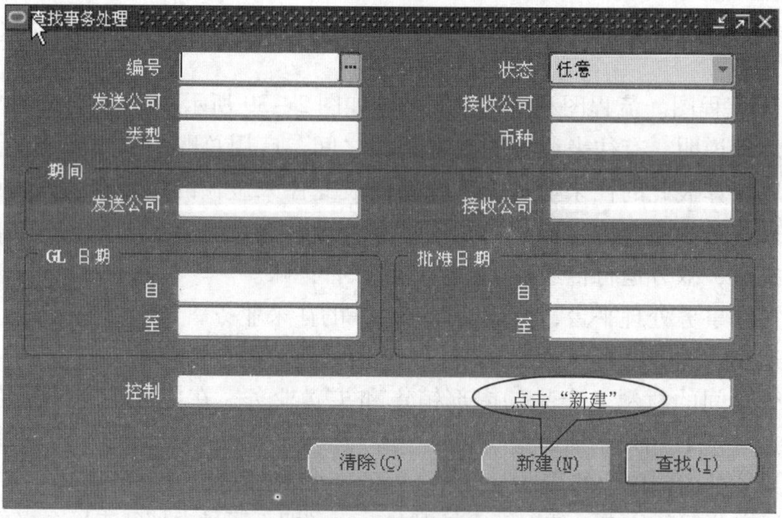

图 2 – 40　新建事务处理

编号：系统自动生成，不能输入；

发送公司：默认本账套对应的公司；

接收公司：选择发生公司间事务的对方公司；

GL 日期：输入事务所属日期，该日期将决定此事务处理生成总账日记账的所属期间；

图 2-41　生成事务处理

期间：一般与 GL 日期所属期间一致；

类型：可选择事务处理类型，如：内部资金往来、内部费用往来、税金列转等；

说明：事务处理说明；

传送至：分别标示发送公司、接收公司是否传总账；

输入日期、批准日期：不输，待接收公司审批后，系统会自动生成；

控制：对事务发生额度的控制，建议不输；

发送公司账户、发生额：发送公司录入该事务处理对本公司产生的财务信息。

第二步，点击"生成"，系统自动产生公司间结算账户（注意公司段和公司间段）。此次公司间结算账户好比一水桶，左上角 120→中间 212500→左下角 300，右上角 300→中间 212500→右下角 120。如图 2-42 所示。

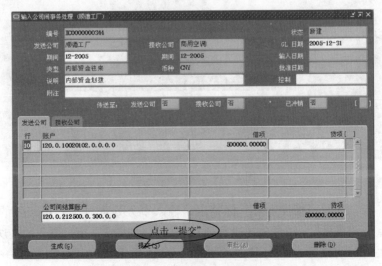

图 2-42　提交事务处理

第三步，点击"提交"，状态由"新建"变为"复核"。如图 2-43 所示。

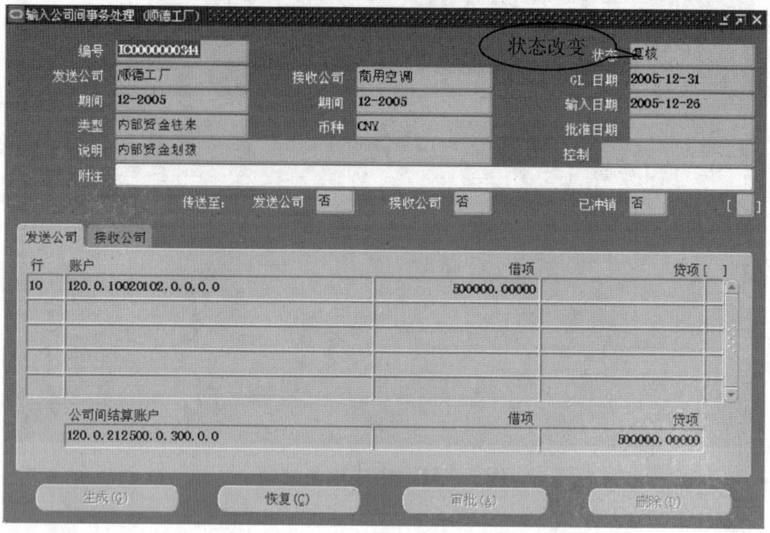

图 2-43 复核事务处理

②接收公司事务复核、审批（接收公司总账账套）。

第一步，路径：事务处理→输入，输入参数，点击"查找"，进入公司间事务处理界面。如图 2-44、图 2-45 所示。

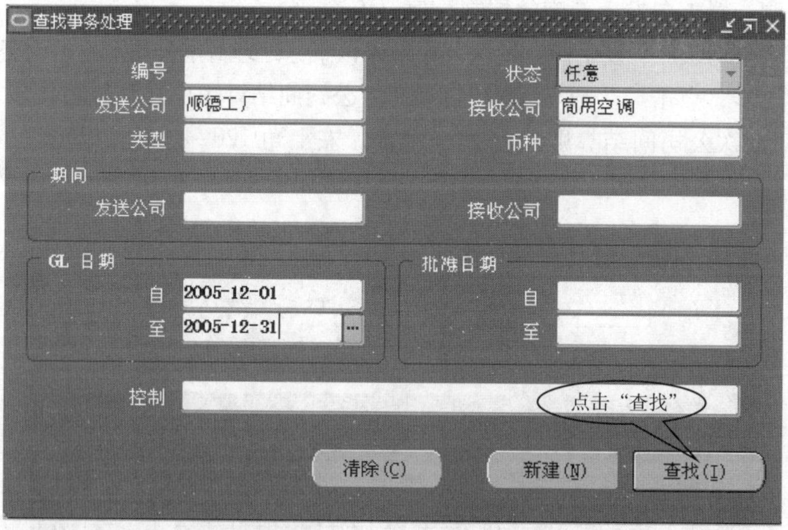

图 2-44 查找事务处理

第二步，点击"接收公司"标签卡，输入事务处理对本公司产生的账户信息后，点击"审批"（注意公司段和公司间段）；如图 2-46、图 2-47 所示。

此次公司间结算账户好比一个水桶，左上角 120→中间 212500→左下角 300，右上角 300→中间 212500→右下角 120。

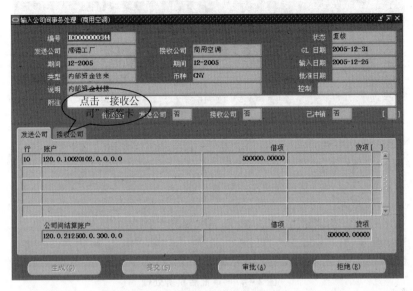

图 2-45 接收公司事务处理

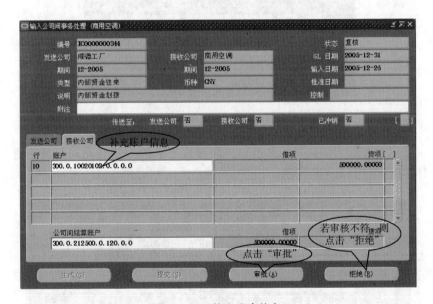

图 2-46 补充账户信息

③公司间事务传总账（各公司总账账套）。

路径：查看→请求→提交新请求→单个请求。

请求名称：程序—公司间转账。

参数设置："创建汇总日记账"指多笔事务处理汇总产生一笔日记账信息，建议选择"否"。如图 2-48 所示。

④总账日记账过账（各公司总账账套）。

各单位将事务处理传总账生成日记账后，"传送至："状态栏由"否"改为

图 2 - 47　审批后事务处理

图 2 - 48　日记账导入

"是"。此时，各账套需到日记账过账界面对该笔来源为"公司间"凭证进行过账。具体操作如图 2 - 49 所示。

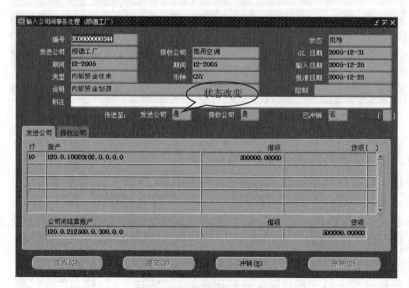

图 2 - 49　查找过账日记账

2.3　外币重估流程

随着我国改革开放的深入，世界经济一体化的进程日益加快，特别是我国加入了世界贸易组织（WTO）之后，跨国的各类经济业务的种类不断增加、规模日益扩大。以外币计价和结算的经济业务的比重越来越大。《企业会计制度》专门对外币业务的定义及核算进行了规范，财政部也颁布了有关外币业务的具体会计准则。

（1）外币：是指企业选定的记账本位币以外的货币。我国《企业会计制度》规定：企业的会计核算以人民币为记账本位币。

业务收支以人民币以外的货币为主的企业，可以选用其中一种货币作为记账本位币，但是编报的财务会计报告，应当折算为记账本位币。在境外设立的中国企业向国内报送的财务会计报告，应当折算为人民币。特别提醒注意的是，本章所讲的"外币"与一般意义上的（通常的货币概念中的）外币的区别，一般意义上的外币指外国货币。而会计核算中的"外币"指记账本位币以外的货币。大多数企业的记账本位币为人民币，但境外设立的中国企业（如承揽和经营境外工程项目的"外经企业"）及一些从事国际金融业务的金融企业等选择其业务收支使用的主要外国货币如美元作为记账本位币。如果某企业选择美元作为记账本位币，则人民币便作为该企业的"外币"。因此要注意理解是"外币"是相对于企业选定的记账本位币而言的，"外币≠外国货币"。

（2）外币业务。《企业会计制度》规定了外币业务的定义：外币业务，是指以记账本位币以外的货币进行的款项收付、往来结算等业务。外币业务的关键是以外币计价，因此要注意理解：

①"外币业务≠与外国客户进行的交易"，如以人民币为记账本位币的企业与外国企业进行的以人民币计价结算的经济业务等不属于外币业务；

②不能将与国内客户进行的经济业务排除在外币业务之外。如：选择人民币为记账本位币的企业与中国银行之间的美元借款业务、外币兑换业务等都属于外币业务。外币业务具体包括：外币兑换业务；购买或销售以外币计价的商品或劳务；借入或贷出外币资金；取得或处理以外币计价的资产，承担或清偿以外币计价的负债。

（3）外币业务会计核算的内容。外币业务核算是会计计量问题，因企业只能选择一种货币作为记账本位币，一般情况下，当企业发生以记账本位币以外的货币计量与结算的经济业务时，必须将其折算为记账本位币金额。因此首先应解决如何将以外币计价的资产、负债以及接受投资的外币资本折算为记账本位币金额记账；其次外币货币性资产和负债在汇率发生变动时，会导致既定外币金额的现金、银行存款和债权及既定外币金额的债务兑换的记账本位币与期初记账本位币的金额不同，其差额如何处理；另外以外币表示的会计报表如何折算为记账本位币表示的报表，以满足合并报表等需要。综上所述外币业务核算的关键是"折算"，涉及折算汇率的选择和折算差额的处理。外币业务会计核算的重点内容，也就是以下折算内容：

①外币业务发生时需折算并记录。

②会计期末汇率变动时以外币账户将重新折算并调整。

③资产负债表日须将外币表示的会计报表折算为记账本位币报表。其中难点是期末汇兑损益的计算及外币账户的调整。

2.3.1 外币业务核算相关概念

（1）外币业务的记账方法。

①外币统账制是指企业在发生外币业务时折算为记账本位币入账的记账方法；企业登记折算后的记账本位币的同时，按照外币业务的外币金额登记相应的外币账户。

②外币分账制是指企业在日常核算时按照外币原币记账，分别币种核算损益和编制会计报表，在资产负债表日将外币会计报表折算为记账本位币表示的会计报表，并与记账本位币会计报表进行汇总的记账方法。

我国绝大多数企业采用外币统账制。

（2）外币账户及其设置。《企业会计制度》规定，企业核算外币业务时应当设置相应的外币账户，外币账户包括外币现金、外币银行存款、以外币结算的债权（如应收票据、应收账款、预付账款等）和债务（如短期借款、应付票据、应付账款、预收账款、应付工资、长期借款等），应当与非外币的各该相同账户分别设置，并分别核算。

①外币货币性资产：外币现金、外币银行存款、外币应收账款等以外币结算的债权属于持有的现金以及将以固定或可确定金额的外币收取的资产，因此称为"外币货币性资产"。

②外币货币性负债：与外币货币性资产相对应，"以固定或可确定金额的外币结算的负债"，如外币短期借款、外币应付账款等称为"外币货币性负债"。

上述外币账户应当与记账本位币各该账户分别设置，并分别核算，如应收账款可设置"应收人民币账款"和"应收美元账款"分别核算。

（3）外币业务的折算汇率。一个国家的货币兑换为另一个国家的货币的比率，即两国货币之间的比价。如1美元等于（或兑换）6.7元人民币。中国人民银行公布的汇率一般分为买入汇率（买入价）、卖出汇率（卖出价）和中间汇率（中间价），买入汇率指银行向企业买入外币时所使用的汇率；卖出汇率指银行向企业出让外币时所使用的汇率；中间汇率指银行买入汇率和卖出汇率之间的中间汇率。人民币汇率是以市场供求为基础，根据银行间外汇市场形成的，因此我们将上述中间汇率称为市场汇率。统账制核算外币业务需要在外币业务发生时将外币表示的金额折合成记账本位币金额入账，折算汇率也称记账汇率，是指企业发生外币业务进行会计处理所用的汇率。《企业会计制度》规定，企业发生外币业务时，应当将有关外币金额折合为记账本位币金额记账。除另有规定外，所有与外币业务有关的账户，应当采用业务发生时的汇率，也可采用业务发生当期期初的汇率折合。两种汇率的选择由企业自定，但一经选定，前后各期应保持一致，不得随意变更。

（4）折算差额的处理。《企业会计制度》规定，各种外币账户的外币余额，期末时应当按照期末汇率折合为记账本位币。按照期末汇率折合的记账本位币金额与账面记账本位币金额之间的差额，作为汇兑损益，计入当期损益；属于筹建期间的计入长期待摊费用；属于购建固定资产有关的借款产生的汇兑损益，按照借款费用资本化的原则进行处理。

①由于外币兑换业务中所采用的买入或卖出汇率与市场汇率（中间汇率）的不同产生的汇兑损益，金额为记账本位币银行存款与外币银行存款账户借贷方入账价值的差额，在外币业务发生时计入财务费用。

②在持有外币货币性资产和负债期间，由于汇率变动而引起的外币货币性资产或负债的价值发生变动而产生的汇兑损益。

③外币资本采用合同汇率折合时产生的折算差额计入资本公积。外币货币性资产在汇率上升时，产生汇兑收益；反之，产生汇兑损失，外币货币性负债则相反。

2.3.2　主要外币业务发生时的会计处理

主要外币业务包括：外币兑换业务、外币购销业务、外币借款业务、接受外币资本投资业务。外币兑换业务由于银行买入或卖出汇率与中间汇率的不同而产生的人民币银行存款和外币银行存款的入账价值的差额，计入当期损益（财务费用或长期待摊费用）。接受外币资本投资，如果投资合同约定了折算汇率，实收资本采用合同约定的汇率和外币资产采用的当日市场汇率产生的入账价值的差额计入资本公积。除此之外其账务处理与记账本位币业务的账务处理相同。

【例 2 -1】A 公司外币业务采用业务发生时的市场汇率折算，2002 年 1 月 8 日银行的买入价为 1 美元 = 8.25 元人民币，卖出价为 1 美元 = 8.35 元人民币，中间价为 1 美元 = 8.30 元人民币。分别买入或卖出 50 000 美元求出兑换业务的汇兑损益并进行账务处理。

若 1 月 8 日买入 50 000 美元：汇兑损益 = 50 000 × (8.35 - 8.30) = 2 500（元人民币）

会计分录：

借：银行存款——美元户（50 000 × 8.30）　　　　　　　　　　415 000

　　财务费用　　　　　　　　　　　　　　　　　　　　　　　　　　2 500

　　　　贷：银行存款（人民币户）（50 000×8.35）　　　　　　417 500
　　若1月8日卖出50 000美元：汇兑损益=50 000×（8.30-8.25）=2 500
（元人民币）
　　会计分录：
　　　借：银行存款（人民币户）（50 000×8.25）　　　　　412 500
　　　　　财务费用　　　　　　　　　　　　　　　　　　　　2 500
　　　　贷：银行存款——美元户（50 000×8.30）　　　　　415 000

　　【例2-2】某合资企业收到外商作为实收资本投入的设备一台，协议价为30万美元，协议中约定的汇率为1美元=8.24元人民币。收到该设备时的市场汇率为：1美元=8.30元人民币，收到该设备后发生运杂费1.5万元人民币，安装调试费2万元人民币。运杂费和安装调试费已用银行存款支付，要求计算该固定资产的入账价值并作出会计分录。外商投资企业接受的固定资产作为投资，则固定资产的入账价值的确定应以收到设备时的市场汇率折算；按合同约定的汇率进行折算，以折算金额作为实收资本入账；二者的差额作为资本公积处理。另外，设备发生的安装调试费、运费等也应计入设备价值。该设备的入账价值为：300 000×8.30+15 000+20 000=2 525 000（元人民币），实收资本的入账价值=300 000×8.24=2 472 000（元人民币）。

　　会计分录：
　　　借：固定资产　　　　　　　　　　　　　　　　　　2 525 000
　　　　贷：实收资本（300 000×8.24）　　　　　　　　　2 472 000
　　　　　　资本公积［300 000×（8.30-8.24）］　　　　　　　18 000
　　　　　　银行存款　　　　　　　　　　　　　　　　　　　35 000

2.3.3　期末汇兑损益的计算及外币账户的期末调整

　　根据企业会计制度的规定，各种外币账户的外币金额，期末（月份、季度、年末终了）时应当按照期末市场汇率折合为记账本位币。按照期末汇率折合的记账本位币金额（调整后应有的金额）与账面记账本位币金额（调整前账面金额）之间的差额调整各外币账户，作为汇兑损益，计入当期损益；属于筹建期间的计入长期待摊费用；属于与购建固定资产有关的借款产生的汇兑损益，按照借款费用资本化的原则进行处理。

　　外币货币性资产账户期末汇兑损益=账面记账本位币金额（调整前金额）-外币账户的外币余额×期末汇率（调整后金额），计算结果为正为汇兑损失，结果为负则为汇兑收益；外币货币性负债账户期末汇兑损益=外币账户的外币余额×期末汇率（调整后金额）-账面记账本位币金额（调整前金额），计算结果为正为汇兑损失，结果为负则为汇兑收益。

　　【例2-3】A股份有限公司的外币业务采用业务发生时的市场汇率进行折算，并按月计算汇兑损益。2002年3月初的外币账户余额分别为：银行存款美元户 240 000 美元，应收账款美元户 100 000 美元，应付账款美元户 50 000 美元，3 月初的市场汇率为 1 美元 = 8.3500 元人民币。A 股份有限公司 3 月份发生如下外币业务（假设不考虑有关税费）：

（1）3 月 5 日，对外出口产品 10 000 件，每件单价 20 美元，当日的市场汇率为 1 美元 = 8.3250 元人民币，货款尚未收到；

（2）3 月 10 日，从国外进口原材料一批，价款共计 220 000 美元，款项用外币存款支付，当日的市场汇率为 1 美元 = 8.2500 元人民币；

（3）3 月 15 日收到 3 月 5 日出口货款 100 000 美元，当日的市场汇率为 1 美元 = 8.2750 元人民币；

（4）3 月 20 日用外币银行存款偿付应付账款 50 000 美元，当日市场汇率为 1 美元 = 8.2600 人民币；

（5）3 月 25 日从中国银行借入短期借款 150 000 万美元。当日的市场汇率为 1 美元 = 8.2950 元人民币；

3 月 31 日市场汇率为 1 美元 = 8.3000 元人民币，计算月末汇兑损益并进行账务处理。

（1）计算汇兑损益。

①银行存款账户汇兑损益。

账面记账本位币金额

$= 240\,000 \times 8.3500 - 220\,000 \times 8.2500 + 100\,000 \times 8.2750 + 150\,000 \times 8.2950$

$= 2\,260\,750$（元）

银行存款账户的外币余额 × 期末汇率

$= (240\,000 - 220\,000 + 100\,000 + 150\,000) \times 8.3000$

$= 2\,241\,000$（元）

汇兑损益

$= 2\,260\,750 - 2\,241\,000$

$= 19\,750$（银行存款调减，产生汇兑损失）

②应收账款账户汇兑损益。

账面记账本位币金额

$= 100\,000 \times 8.3500 + 200\,000 \times 8.3250 - 100\,000 \times 8.2750$

$= 1\,672\,500$（元）

应收账款账户的外币余额 × 期末汇率

$= (100\,000 + 10\,000 \times 20 - 100\,000) \times 8.3000$

$= 1\,660\,000$（元）

汇兑损益

$= 1\,672\,500 - 1\,660\,000$

$= 12\,500$（元）（应收账款调减，产生汇兑损失）

③应付账款账户汇兑损益。

应付账款的外币余额 × 期末汇率

$=0 \times 8.3000$

$=0$（元）

账面记账本位币金额

$=50\ 000 \times 8.3500 - 50\ 000 \times 8.2600 = 417\ 500 - 413\ 000$

$=4\ 500$（元）

汇兑损益

$=0 - 4\ 500$

$= -4\ 500$（元）（应付账款调减，产生汇兑收益）

④短期借款账户汇兑损益。

短期借款的外币余额 × 期末汇率

$=150\ 000 \times (8.3000 - 8.2950)$

$=750$（短期借款调增，产生汇兑损失）

3月份汇兑损益 $= 19\ 750 + 12\ 500 + 750 - 4\ 500 = 28\ 500$（元）

（2）调整分录。

借：应付账款　　　　　　　　　　　　　　　　　4 500

　　财务费用　　　　　　　　　　　　　　　　　28 500

　　　贷：银行存款——美元户　　　　　　　　　　　　　　19 750

　　　　　应收账款——美元户　　　　　　　　　　　　　　12 500

　　　　　短期借款——美元户　　　　　　　　　　　　　　　750

2.3.4　外币会计报表的折算

外币报表的折算是指将以外币表示的会计报表换算为记账本位币表示的会计报表。

（1）外币报表折算的情形。

①拥有境外子公司的母公司，在编制合并会计报表前，必须对纳入合并范围的子公司以外币表示的会计报表进行折算；

②为了向外国股东和其他使用者提供本企业的会计报表，也需要将本国货币表示的会计报表折算为以某一外国货币表示的会计报表，以便外国的股东、投资者和其他使用者使用；

③我国企业为了在外国证券市场上发行股票和债券而提供的财务报告，也需要将人民币表示的会计报表折算为相应外国货币表示的会计报表。

（2）外币报表折算涉及的问题。

①折算汇率的选择：不同报表及同一报表不同项目的折算汇率的规定；

②折算差额的处理：由于不同报表项目采用不同汇率折算而产生的折算差额的报表列示。

（3）工作程序。

工作程序具体见表2 - 9。

表 2 – 9　　　　　　　　　　　　　　　　外币重估流程

步骤	负责人	工作内容	输出单据	审批人	操作步骤
1	汇率维护人员	定期维护公司汇率、重估汇率			见汇率维护
2	财务部	原币记录各外币业务并过账			在应收、应付、总账模块操作
3	财务部	定义外币重估模板			见定义外币重估模板
4	财务部	运行重估，生成日记账			见生成外币重估凭证
5	财务部	日记账过账			见日记账过账

（4）流程图和流程说明。

流程图和流程说明具体如图 2 – 50 所示。

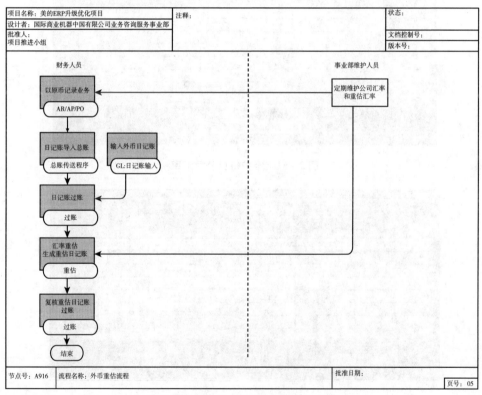

图 2 – 50　外币重估流程

流程说明：

①汇率维护人员统一维护公司汇率，月末将本月重估汇率在账套内录入。

②在各子模块和总账中，如果发生外币业务，以原币记录真实的业务，并根据一定的汇率折成人民币。月末确保所有子系统业务均已完成并传递至总账，过账后，根据重估汇率，对指定范围的科目进行汇率重估，由系统自动计算汇兑损益，生成重估日记账，复核并过账后，参与科目余额的计算。重估是未实现的汇兑损益，在应收、应付系统中每张外币业务单据的汇率不随总账重估的

结果而更改，只在单据结清时自动结转已实现的汇兑损益。

③重估汇率的维护：月末，事业部维护人员需要在各账套内输入重估汇率。

（5）本流程适用于有外币业务账套的总账操作人员。

（6）操作指南。

①汇率维护。

本操作不属于一般总账操作人员的操作范畴。

为保证各账套记账一致，并防止手工汇率出错，在系统中统一使用预先定义、定期维护公司汇率；如图2-51、图2-52所示。

图2-51 维护每日公司汇率

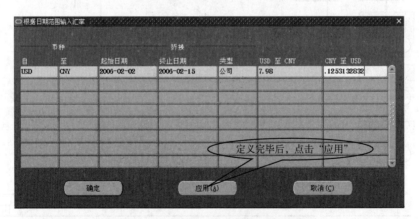

图2-52 根据日期范围维护公司汇率

路径：设置→币种→汇率→每日。输入币种、日期、汇率，类型为"公司"，按 💾 保存。

也可一个期间维护同一个汇率，点击"根据日期范围输入"进入。

②定义外币重估模板。

为使财务报表能准确反映企业债权、债务，应对企业中的外币债权债务及公司外币现金类资产进行重估（计算汇兑损益）。重估时，系统将汇兑损益计入待指定的未实现损益账户；具体操作如图2-53、图2-54、图2-55所示。

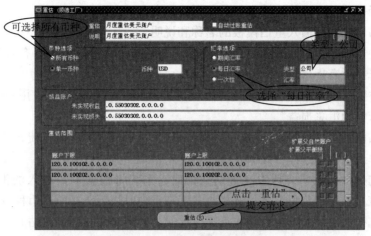

图2-53　定义外币重估模板

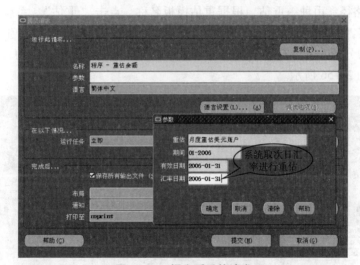

图2-54　提交币重估请求

图2-55　重估账户范围

路径：币种→重估，输入相关信息后，存盘。

重估、说明：输入重估模板的名称和说明。

币种选项：如对某一货币进行重估，选择单一货币；如对所有货币进行重估价，选择所有货币。

损益账户：汇率差异部分将计入的账户，一般为"财务费用——汇兑损失——未实现汇兑损益"。

重估范围：对哪些账户进行重估，一般主要是资金类、债权债务类账户。

汇率选项：可选择"每日汇率"或"一次性"。

若选择每日汇率，则生成重估凭证时，系统将根据参数输入的汇率日期，取已经定义的该日公司汇率；选择每日汇率重估时，可选择所有币种重估。

若选择一次性，则自行输入汇率。此时，不可对所有币种重估。

③生成外币重估凭证。

进入路径：币种→重估，根据重估模板名称，点击"重估"。系统提交一后台请求（名称为"程序——重估余额"）。请求运行完毕后，系统产生一类别为"重估"的分录，分录批组中含"重新估价"字样，分录是本位币的，外币账户为0。如图2-56所示。

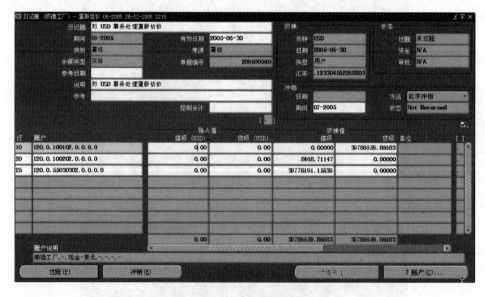

图2-56 生成外币重估凭证

2.4 月末结账流程

2.4.1 工作程序

工作程序具体见表2-10。

表 2 – 10 　　　　　　　　　　　　　月末结账流程

步骤	负责人	工作内容	输出单据	审批人	操作步骤
1	资产会计	处理当月资产业务，折旧传总账后，对账及关闭资产会计期			见资产用户手册
2	应收会计	处理当月发票、收款业务，传总账后，对账及关闭应收会计期			见应收模块检查及数据传总账
3	应付会计	处理当月发票、付款业务，传总账后，对账及关闭应付会计期			见应付模块检查及数据传总账
4	成本会计	处理当月出入库业务，采购、库存数据传总账接口表，对账及关闭采购、库存会计期			见采购、库存模块数据传总账
5	总账会计	手工处理总账日记账			见总账凭证处理子流程
6	总账会计	导入子模块数据			见导入子模块数据
7	总账会计	日记账审核、对账、调整、过账，生成财务报表			见日记账审核、对账、调整、过账，生成财务报表
8	总账会计	总账会计期管理			见总账会计期管理
9	合并财务	合并账套业务处理			见报表合并流程

2.4.2　流程图和流程说明

流程图和流程说明具体如图 2 – 57 所示。

流程说明：

库存、采购、应收、应付、资产等子模块完成各模块的月末处理，关闭子模块会计期间。

总账会计进行期末凭证处理，期末凭证包括各公司月末必须的经常性凭证及分摊处理等。在本月所有业务完成后，进行重估处理，生成重估凭证。总账会计需将本月所有凭证过账。

各公司总账会计检查总账与业务模块内容是否一致。如有问题，检查原因，根据错误原因对总账凭证或子系统业务进行调整；与其他公司核对内部往来业务数据是否正确，如不正确，进行调整，如正确则生成打印各种报表。

各公司总账会计检查各报表结果是否正确，如不正确，进行凭证调整，如正确，关闭总账会计期，同时打开下一会计期间。

采用的结账处理方法：

月结：表结法，即不进行结转，利润表和资产负债表通过计算得出

年结：账结法，即通过运行程序生成损益结转凭证，将损益类账户的余额结转至"未分配利润"科目

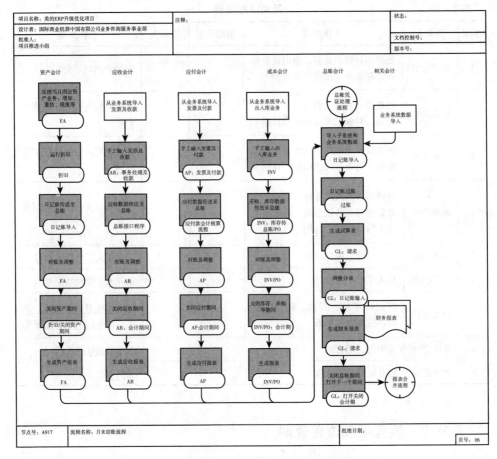

图 2-57　月末结账流程

2.4.3　操作指南

（1）应收模块检查及数据传总账。

第一步，检查 OM、IMS 传至应收接口表数据是否已全部清空。

提交请求：接口→自动开票→自动开票主程序

参数"发票来源"须分别选择：OM 自动开票、SALES 2000。正常情况下，此类报表运行输出文件为空。如图 2-58 所示。

第二步，检查 IMS 传至应收接口表数据是否已全部清空。

提交请求：接口→客户→客户接口

参数默认。正常情况下，该报表运行输出文件为空。

第三步，复核所有未完成发票、借项通知单、贷项通知单以及记账贷项。

提交请求：未完成发票报表

正常情况下，该报表输出应无数据。

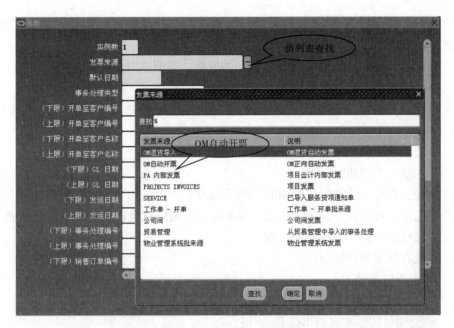

图 2－58　自动开票主程序

第四步，复核指定的日期范围内有关客户记账付款和未核销付款的详细信息。

提交请求：未核销收款登记

输出报表若有记录，应进行账实核对，确保无误。

第五步，应收数据传总账，生成总账日记账。

运行上述四步，确认应收账务准确后，将应收传总账，同时关闭会计期间。

路径：接口→总账管理系统

参数"以汇总方式过账"选择"是"，"运行日记账导入"选择"是"。

关闭会计期路径：控制→会计→打开/关闭会计期间，状态选择"已关闭"即可。

若无法关闭会计期间，则提交请求：未过账项目报表，对报表结果进行检查，调整相关业务并过账后，再关闭会计期间。

（2）应付模块检查及数据传总账。

第一步，检查采购模块传至应付接口表的收据批数据是否已全部清空。

提交请求：应付款管理系统开放接口导入

参数"来源"选择"Receipt Batch"。正常情况下，该报表输出应无数据。

第二步，在能够进行支付、核销或创建会计分录之前，所有发票必须被验证。

提交请求：发票验证

第三步，将应付数据传总账，创建总账日记账。

提交请求：应付款管理系统会计核算流程

参数"提交传送至 GL"选择"是","提交日记账导入"选择"是","验证账户"选择"是",其他参数默认。

第四步,为确定处于"暂挂"状态的发票,以便核对应付账款。

提交请求:暂挂发票报表

第五步,确定并复核所有未入账发票和付款事务处理,并查看未入账的原因。

提交请求:未入账事务处理报表

第六步,关闭期间

路径:会计→控制应付款期间。将状态改为"已关闭",存盘。

第七步,若期间无法关闭,则需复核防止关闭应付会计期的完整例外列表。

提交请求:期间关闭例外报表

一般有以下例外情形:

➤ 未清付款批;

➤ 未转账至总账的会计分录;

➤ 远期付款要求到期事件和会计;

➤ 未入账发票;

➤ 未入账付款;

➤ 某些科目组合被禁用,致使会计科目无法生成。

(3)采购、库存模块数据传总账。

采购模块数据直接在进行业务处理时,即传至总账接口表,不需要检查核对。采购模块当期业务完毕后,由成本会计关闭采购模块会计期。

路径:设置→会计→财务系统→控制采购期间。状态改为"已关闭",存盘即可。

库存模块月末结账:

第一步,检查工单差异是否正常,关闭工单;如图 2-59 所示。

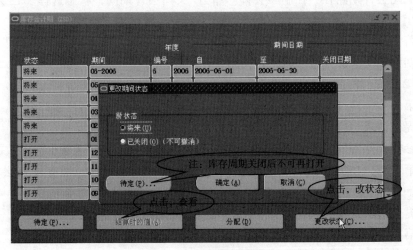

图 2-59 库存会计期

提交请求：CUX_按成本差异批量更新作业状态

参数"是否更新作业状态"选择"否"，输出报表后，检查差异是否正常。若正常，则再次提交该报表，参数"是否更新作业状态"选择"是"，"更新状态为"选择"完成——不计费"。

第二步，将库存模块数据传总账接口表；如图 2 - 60 所示。

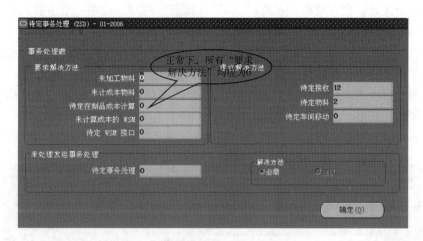

图 2 - 60 待定事务处理

路径：会计关闭周期→总账转账。提交请求：将事务处理转至 GL。

第三步，关闭库存模块周期；如图 2 - 61 所示。

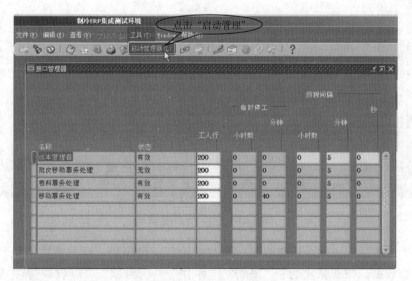

图 2 - 61 启动管理器

路径：会计关闭周期→库存会计期。选定要关的会计期后，点击"更改状态"，选择"已关闭（不可撤销）"，存盘。

由于库存模块周期关闭后将不可打开，故需谨慎操作。

若周期无法关闭，则点击"待定"查看，正常状态下，所有"要求解决方法"均应为0。

若查看"待定"无异常，可在库存模块查看"成本管理器"状态是否为有效。

路径：设置→事务处理接口管理器。正常情况下，"成本管理器"状态为有效，若为无效，则在菜单栏点击"工具→启动管理器"。此项一般不需操作。

（4）导入子模块数据。

资产模块数据导入总账生成日记账，资产→折旧→运行折旧后，日记账分录→标准。以上操作在资产模块，具体参见资产用户手册。

为确保所有在总账接口表的子模块数据全部创建总账日记账，总账会计应在总账模块将各子模块数据引入。

第一步，路径：日记账→导入→运行。如图2-62所示。

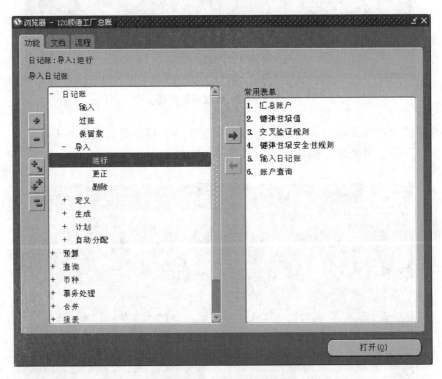

图2-62 导入子模块数据

第二步，分别导入采购模块、库存模块、应付模块、应收模块传至总账接口表的数据。来源依次为："采购""库存""应付款""应收款管理系统"。其中，来源为"采购"的选择参数"无组标识"，其他均选择参数"所有组标识"。

另外，海外营销还需要导入海外营销系统传至总账接口表的数据。选择来源"记账凭证"，参数"所有组标识"。示例如图2-63、图2-64所示。

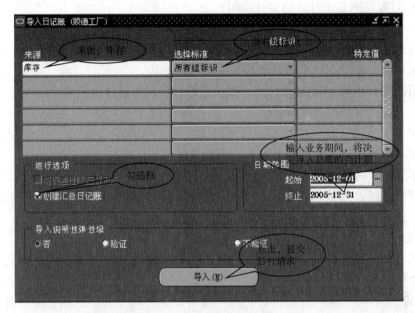

图 2 - 63　导入库存数据

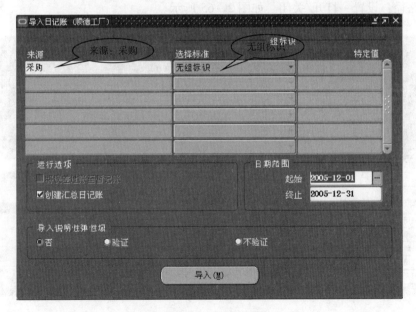

图 2 - 64　导入采购数据

（5）日记账审核、对账、调整、过账，生成财务报表。

第一步，审核未过账分录的明细分录。

第二步，分录过账：把经审核无误的凭证过账，见总账凭证处理子流程。

某 ERP 总账描述了不能生成过账分录批的问题，原因如下：

➢ 控制总额和实际总额不一致；

> ➢ 过账期间是未打开的会计期间；

> ➢ 不平衡分录。

应改正所有分录批中的错误，重新提交改正后的分录，并过账。

第三步，运行试算平衡表和其他初始 FSG 报表。

第四步，将某 ERP 总账和其他模块进行对账，可通过以下两种方式：

> ➢ 在线审阅明细账户余额；

> ➢ 通过报表审阅账户余额：可使用系统中的标准会计报表（如总分类账、日记账、试算表及账户分析等报表）帮助总账和其他模块进行对账。

第五步，将有关调整入账并过账。

对于已经过账的错误分录，应对其进行改正，做有关的调整和冲销分录，并对其进行过账。

第六步，运行重估。

所有凭证过账后，运行重估，对外币账户余额进行重新估价，更新记账本位币货币金额。

总账会计期管理：总账所有业务完成后，应关闭本月会计期，并打开下月会计期。

路径：设置→打开/关闭。如图 2 - 65 所示。

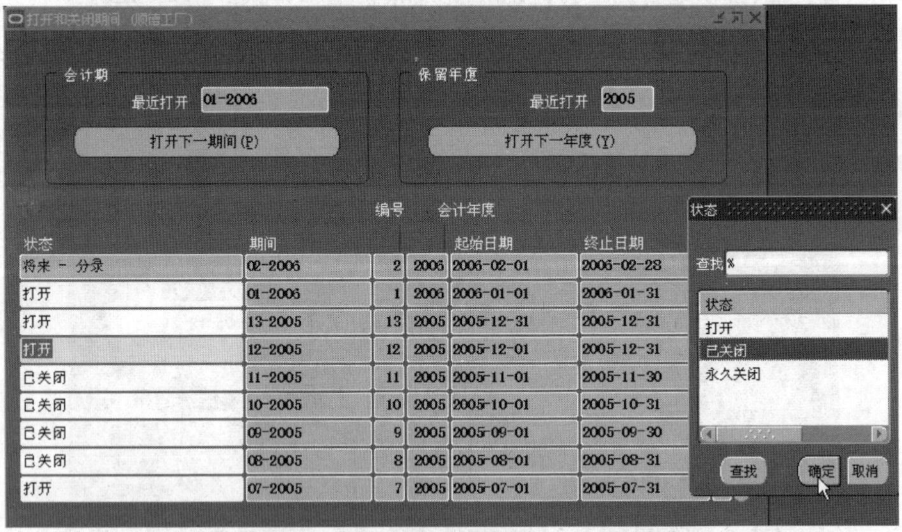

图 2-65　打开和关闭总账会计期

选择要关闭的会计周期，将状态改为"已关闭的"，存盘完毕。要打开下一会计期，则点击"打开下一期间"，系统提交一后台请求，请求运行完毕，则新的周期打开。

说明：已关闭状态的会计期可以再打开，永久关闭状态的会计期不能再打开，一般不要将状态改为"永久关闭"。

2.5 报表合并流程

2.5.1 工作程序

工作程序具体见表2-11。

表 **2-11** 报表合并流程

步骤	负责人	工作内容	输出单据	审批人	操作步骤
1	子账套总账会计	期末结账，通知合并会计			见月末结账流程
2	合并会计	定义合并映射及合并映射段规则			见定义合并映射及段规则
3	合并会计	定义抵销分录及规则			见定义抵销分录及规则
4	合并会计	传送数据，合并分录过账			见传送数据至合并账套
5	合并会计	生成抵销分录，并过账			见生成抵销分录
6	合并会计	运行 FSG 报表，出具合并报表			同子账套月末结账流程

2.5.2 流程图和流程说明

流程图和流程说明具体如图2-66所示。

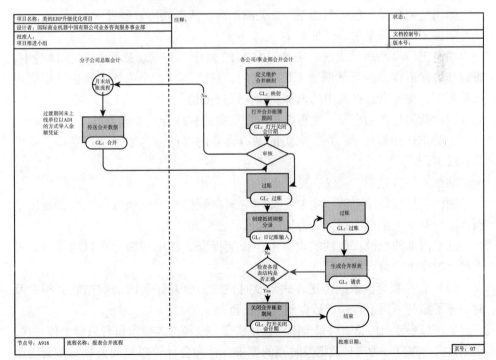

图 2-66 报表合并流程

（1）流程说明。整个美的东芝开利仅设置一个合并账套，所有层次的合并抵销都在合并账套中完成，各个层次的合并报表都从一个合并账套报出。

本流程适用于合并会计。

（2）合并抵销及主要业务情形。

➢ 财务核算时，要求内部往来、主营业务收入、主营业务成本、其他业务收入、其他业务成本以及投资等科目，如果涉及内部单位，必须带往来段值。

➢ 各公司之间的内部往来，使用一个科目"内部往来"，每月彼此核对清楚，合并时只要将余额相加即可。系统内的内部往来余额应该为"0"，与系统外的内部往来仍有余额。

➢ 合并的主要业务情形：

收入和成本、库存的抵销：

广东美的制冷合并：包括东芝工厂、顺德工厂、国内营销、海外营销、职能部、研发中心。

顺德工厂与东芝工厂：主要是东芝工厂从顺德工厂领用材料，结算是财务手工处理，财务在录入彼此的业务时，内部往来和其他业务收支都必须加上内部往来段，以便抵销。

顺德工厂与研发中心：与东芝工厂处理方式一致。

顺德工厂与国内营销、海外营销：要求国内营销、海外营销公司能够区分库存余额中，有多少是从顺德工厂采购的，有多少是从商用空调采购的。根据内部的毛利率，推算出库存余额中的内部利润，进行抵销。

家用空调合并：包括顺德工厂、芜湖制冷、武汉制冷、研发中心。

顺德工厂与研发中心：见上文。

顺德工厂与芜湖、武汉：主要是材料的调让。芜湖、武汉的库存材料中，难以准确知道有多少是从顺德工厂采购的，只能估计一个大概的比例，根据内部毛利率，推算出原材料中的内部利润，进行抵销。

国内营销公司的合并，处理方式与广东美的制冷合并方式类似。

美的东芝开利合并：在广东美的制冷合并的基础上，增加商用空调、芜湖和武汉工厂。

顺德工厂与芜湖、武汉：见上文。

顺德工厂与商用空调：主要是商用空调向顺德工厂采购成品。由于商用空调这部分基本上没有库存，认为采购的成品已全部销售。

其他内部的抵销：包括实收资本、长期投资、费用列转等项目的抵销，可直接通过往来段输入抵销凭证。

（3）合并账套内数据传送方式与及时性。为合并账套内的数据能够相对及时，各子账套一周上传一次数据到合并账套。

从核算账套上传总账科目余额到合并账套，余额方式要求每月只能上传一次，否则数据会重复。为满足数据及时性的要求，合并会计可以每周将核算账套的余额传到合并账套，第二周上传时，同时冲销第一周上传的合并日记账，以保证数据不重复。月末核算账套结账后，再将数据传一次合并账套，同时冲销上周的数据，以保证数据的完整。下个月第一周上传时，不需要冲销上个月的数据。

（4）操作指南。

定义合并映射及段规则。

第一步，定义合并映射。路径：合并→定义→映射。如图 2 - 67 所示。

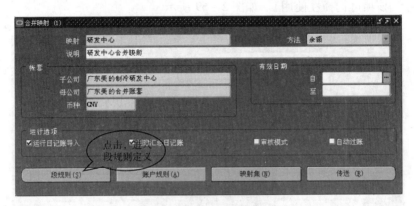

图 2 - 67　定义合并映射

第二步，定义合并映射段规则，点击"段规则"进入。定义完毕后，存盘即可。具体如图 2 - 68 所示。

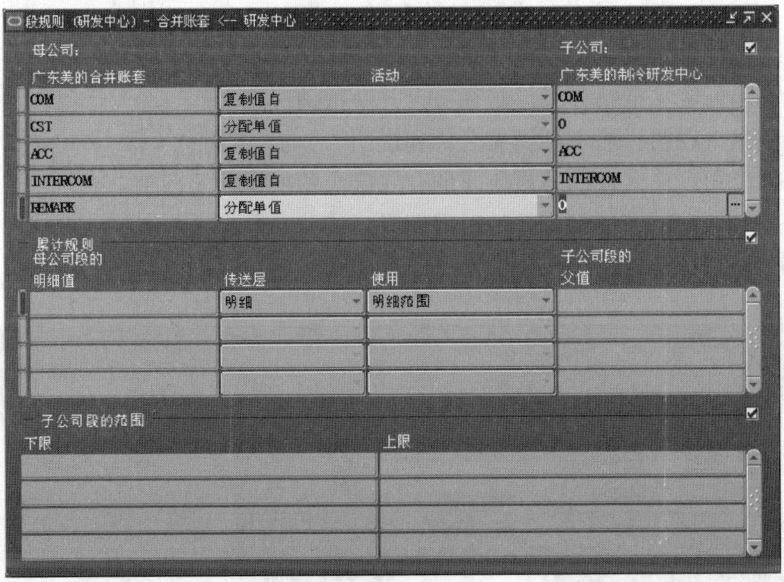

图 2 - 68　定义段规则

为每个映射定义段（SEGMENT）的对应关系，即定义母公司的各个段值来源：

公司段：复制值自子公司；

成本中心段：分配单值0；

科目段：复制值自子公司；

内部往来段：复制值自子公司；

备用段：分配单值0。

第三步，定义合并映射集，路径：合并→定义→映射集。定义完毕后，存盘即可（该项可选择性使用）。如图2-69所示。

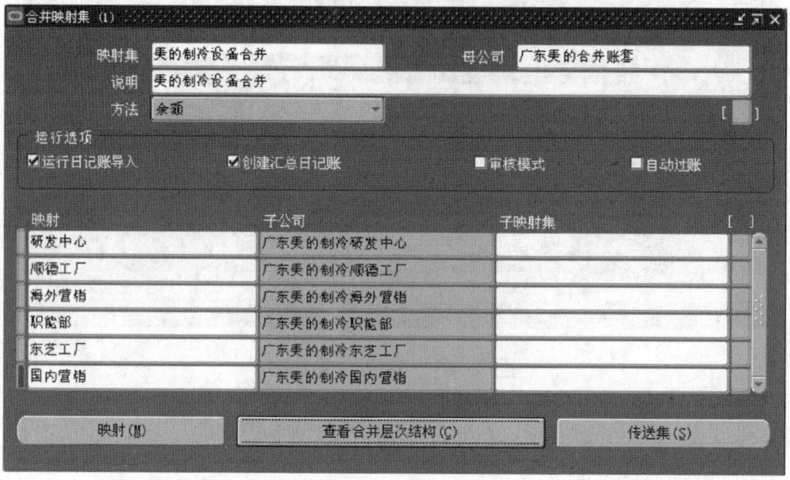

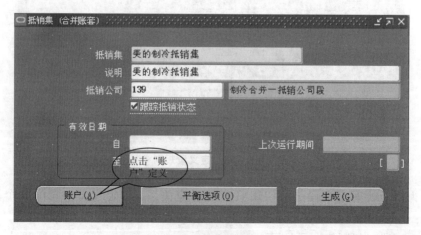

图2-69　合并映射集

定义抵销分录及规则：

第一步，定义抵销分录。路径：合并→抵销→定义。

抵销集、说明：输入抵销集名称和说明。

抵销公司：输入抵销分录所属的合并层次的抵销公司段值。

有效日期：抵销分录有效的时间期限。

如图2-70所示。

图2-70　抵销集

第二步，定义抵销分录，点击"账户"进入。如图 2-71 所示。

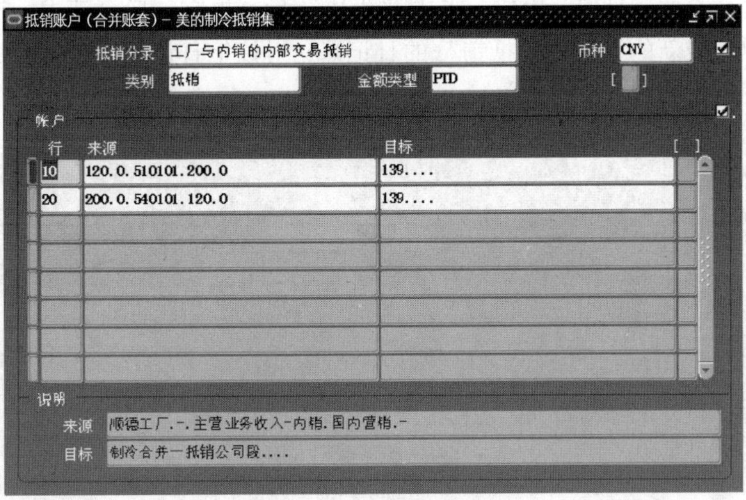

图 2-71　定义抵销分录

抵销分录：抵销分录名称。

类别：抵销。

金额类型：可选择 PTD（本期发生额）、YTD（本年累计发生额），一般使用 PTD。

账户行：凭证行号。

账户来源：需抵销的账户。

账户目标：公司段为抵销公司段，成本中心、会计科目、内往段、备用段均默认来源账户各段值。

传送数据至合并账套。

路径：合并→传送→数据，选择映射，输入子账套与母公司所属会计期间，金额类型一般为 PTD。如图 2-72 所示。

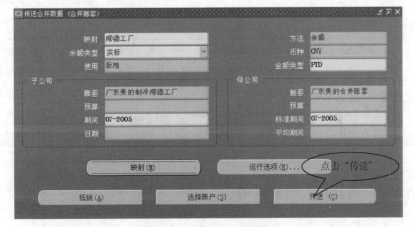

图 2-72　传送合并数据

生成抵销分录。

路径：合并→抵销→生成，点击"生成"后，提交一后台请求，请求运行完毕，则生成新的类型为"抵销"的日记账，对该笔日记账过账，方法同总账手工日记账。如图 2 – 73 所示。

图 2 – 73　生成抵销分录

2.6　过渡期间报表合并流程

2.6.1　工作程序

工作程序具体见表 2 – 12。

表 2 – 12　　　　　　　　　　过渡期间报表合并流程

步骤	负责人	工作内容	输出单据	审批人	操作步骤
1	子账套总账会计	期末结账，编制科目对照表			操作指南另编
2	子账套总账会计	填写 ADI 文件			操作指南另编
3	合并会计	将 ADI 文件导入合并账套			操作指南另编
4	合并会计	审核、抵销、过账			见报表合并流程

2.6.2　流程图和流程说明

流程图和流程说明具体如图 2 – 74 所示。

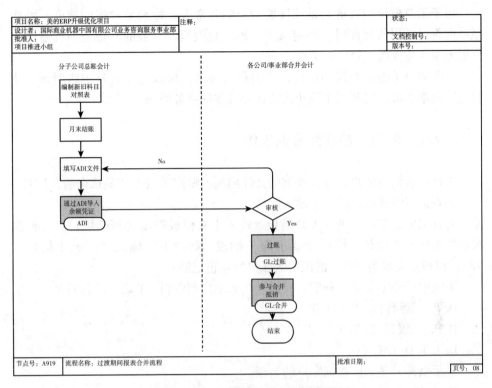

图 2 – 74　过渡期间报表合并流程

流程说明：

武汉制冷、芜湖制冷、芜湖乐祥的系统上线时间滞后制冷本部。在制冷本部上线后，武汉和芜湖工厂仍在使用旧系统。在这段时间内，由于大部分公司都已经上线，故拟将武汉和芜湖工厂的数据以大凭证的方式，将某 ERP 系统，参与美的东芝开利的合并。

新旧系统的科目结构和段值都已经发生变化，武汉和芜湖工厂需要将旧系统的科目与新系统科目进行对照。月末结账后，将当期科目余额以大凭证的方式，用 ADI（EXCEL）导入某 ERP 系统的合并账套。合并会计审批后，将其过账。后续的抵销和合并报表与其他公司一致。

2.7　科目余额在线查询

2.7.1　科目余额在线查询介绍

科目余额查询：科目余额为过账以后的数据，可以查询科目的本期发生数（PTD）、科目余额（YTD）、借方发生额和贷方发生额。明细科目可以直接查询，如需查询汇总科目余额，需要定义汇总模板。

　　由于汇总模块的数量对系统性能的影响非常大，特别是过账的速度，因此系统内将最常用的查询组合共定义了三种汇总模板。一般的其他查询可通过定义财务报表生成器（FSG）实现。

　　总账提供了追溯查询的功能，查询科目余额，可以追溯到日记账明细，从日记账明细，可以追溯到子模块的凭证和具体的业务明细。

2.7.2　科目余额在线查询操作

　　路径：查询→账户，输入查询的会计期间、账户，点击"显示余额"即可。

　　若查询明细账户，则直接输入账户。

　　若查询汇总账户，则在汇总模板处输入汇总模板类型（可选项）后，根据模板要求输入各段值。模板中要求为 T 的段，账户下限输入"0"，上限输入"Z"；模板中要求为"D"的段输入账户的起止范围。

　　系统中已经定义了三种汇总模板（D 表示详细资料、T 表示汇总）：

　　D.T.一级科目.T.T.T.T

　　D.D.一级科目.T.T.T.T

　　D.T.T.D.T.T.T

　　显示余额：显示所查询账户的余额。

　　显示日记账明细：显示所查询账户当期的所有日记账。

　　显示差异：查询的余额类型为"实际"，此处反映与预算的差异。因未启用预算，故不适用。如图 2 –75、图 2 –76 所示。

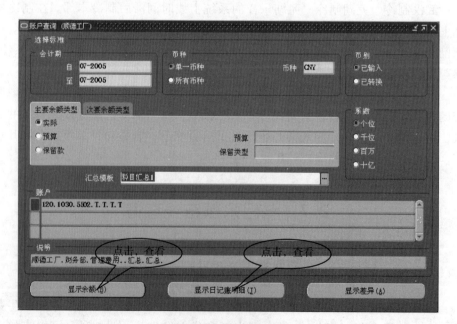

图 2 –75　账户查询

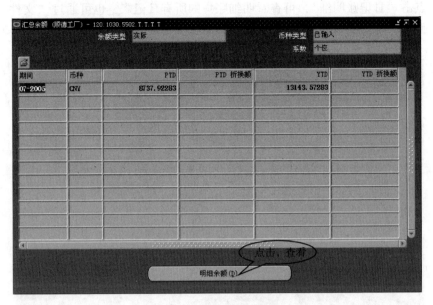

图 2 - 76　明细余额查询

PTD：本期累计发生额；

PTD 折换额：将期间至今金额折算成本位币的金额（适用外币账户）；

YTD：本年累计余额；

YTD 折换额：外币账户年度累计余额折算为本位币的金额（适用外币账户）。

点击"明细余额"，可查看各明细账户余额。如图 2 - 77 所示。

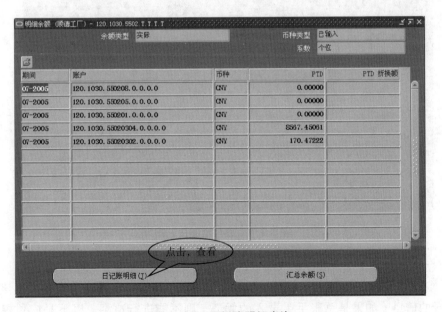

图 2 - 77　日记账明细查询

点击"日记账明细",可查看明细账户的所有日记账,也可通过"文件→导出"路径,导出明细账户界面,导出为 Excel 文件。如图 2 - 78 所示。

图 2 - 78 追溯至子模块

点击"显示全部日记账",可查看明细账户的所有日记账。如图 2 - 79 所示。

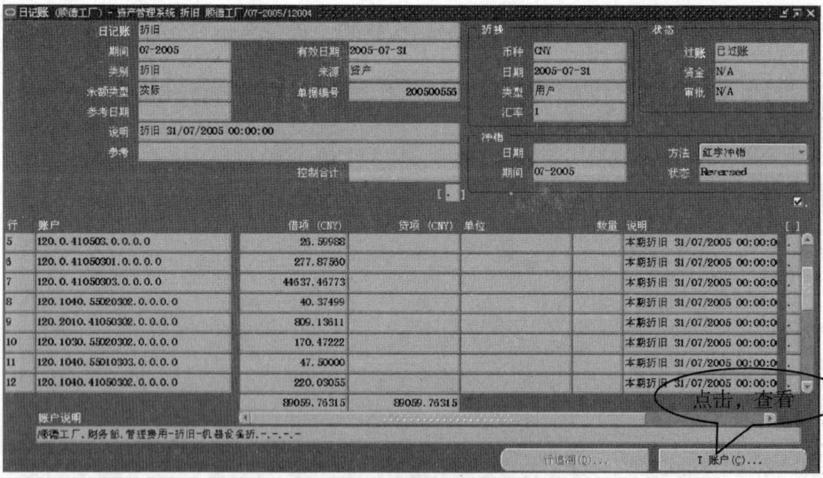

图 2 - 79 显示全部日记账

点击"T 账户",可查看该笔日记账的 T 型账户。如图 2 - 80 所示。

若日记账分录是来自子模块,点击"追溯",则可一直查到子模块产生该笔分录的信息。如果是总账手工录入的凭证,则不能进行追溯。以下是应付模块追溯的内容,查询到子模块的会计处理信息也可导出。如图 2 - 81 所示。

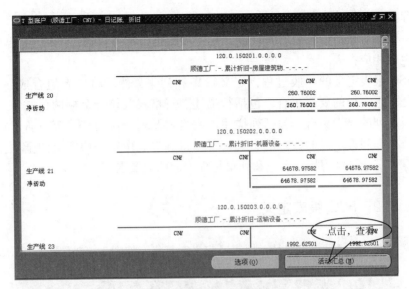

图 2-80　查看 T 型账户

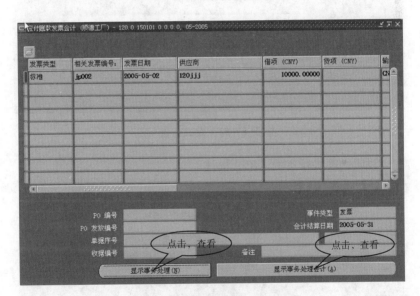

图 2-81　追溯至应付事务处理

2.8　FSG 报表定义

2.8.1　FSG 报表介绍

GL 模块提供了丰富的报表定义功能，可以利用 GL 的 FSG 报表定义功能定义资产负债表、损益表及其他管理报表，定义好后，定期运行即可出报表，无须编程。

　　一般所有账上的各账户的余额、发生额数据，都可以通过 FSG 报表功能取出来生成相应报表。

　　FSG 报表定义的一般过程：定义行集和列集，然后将二者组合成一报表。行集是一报表行的要素集合，包括行描述、行格式及该行金额的公式等，列集是一报表列的要素集合，包括列描述、列格式及列金额的公式等。通过行集定义的公式和列集定义的公式的交叉，可以得到报表中每一位置上的金额。若把报表看作一个二维表格则行集和列集是报表的两大要素。

2.8.2　FSG 报表定义

　　第一步，定义行集，路径：报表→定义→行集。如图 2 - 82、图 2 - 83 所示。

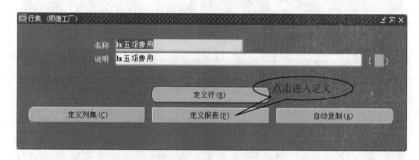

图 2 - 82　定义行集

　　名称、说明：输入行集的名称、描述。

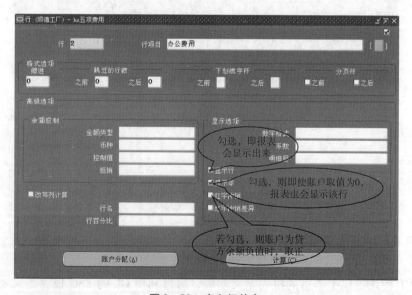

图 2 - 83　定义行信息

行：输入栏目号（整数），报表将根据栏目号的大小来决定每行的显示顺序，行号小的在报表的前面显示。

行项目：该描述将作为行的名称显示在报表上。

格式选项：是否缩进字符数、是否要空行、是否要下划线等。一般仅需设定缩进字符数即可。

余额控制：一般不输。

若所定义的行是通过账户金额来取数，则选择账户分配；若该行是对相关行金额的计算，则选择计算。二者只能选其一。

若选择"账户分配"。首先定义公式，即该行取何账户的金额。其次定义该行的显示类型。E 表示显示所有组合的明细段值，T 表示仅显示汇总值，B 表示既显示明细段值，又显示汇总值。再选择"活动"，表示是取借方数（借项）、贷方数（贷项）还是净值。举例：如该行为管理费用——办公费，则公式应为：会计科目为管理费用——办公费，其他段为汇总值 T；活动类型为净值。如图 2－84 所示。

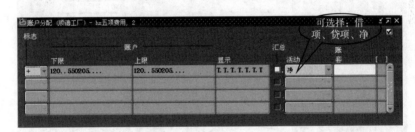

图 2－84　账户分配信息

若选择"计算"，则定义该行与其他行的计算关系。如定义第 7 行的计算关系为 2 行至 6 行相加，如图 2－85 所示。

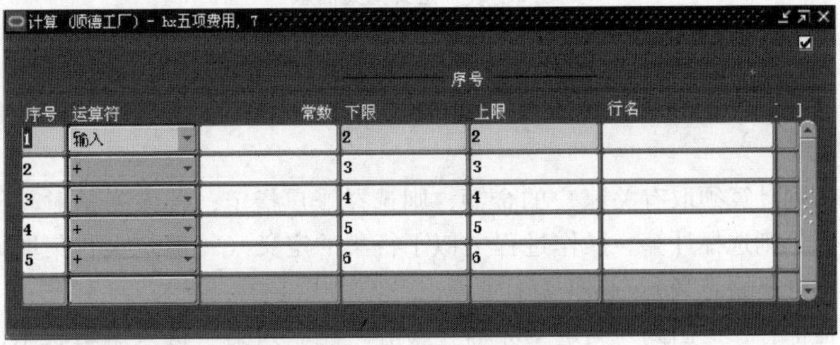

图 2－85　计算公式信息

定义好所有行后，存盘退出。

第二步，定义列集，路径：报表→定义→列集。

如图 2－86、图 2－87、图 2－88 所示。

名称、说明：输入列集名称及描述。

改写段：需要在每列中用某一段的段值来替换所有行中的该段时，选择被替换的段，并在每一列设定一特定段值。

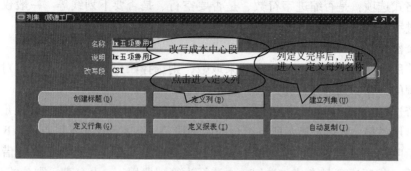

图 2-86　定义列集

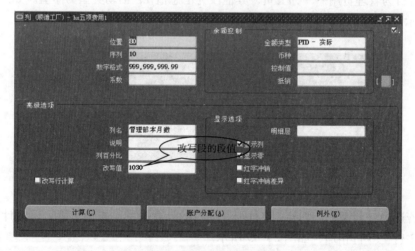

图 2-87　定义列集信息

位置、序列：输入该列的显示位置、序列（序列可用以定义列计算）。

余额控制：该列账户的余额类型（可取 PTD-实际、YTD-实际等）及币种。

若该列计算须取有关账户的金额，则选择账户指定；若该列是对其他列的计算得到，则选择计算。操作过程类似于行集的定义（一般定义行集取账户金额，列集处不用定义）。

存盘保存，退出到列集定义屏幕。点击"建立列集"进入编辑状态，为列集中的每一列编辑对应列名。

第三步，定义报表，路径：报表→定义→报表。如图 2-89、图 2-90 所示。

名称、标题：定义报表的名称，所定义的标题将显示为输出报表的标题。

要求组件：选择该报表的行集和列集，即所定义的行集列集名称（必选）。

其他选项：如舍入选项、明细级别、货币种类、输出选项等。

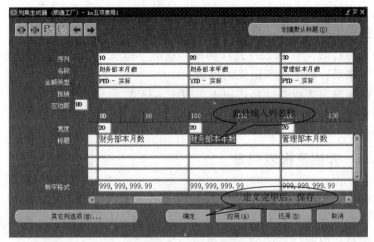

图 2-88 列集生成器

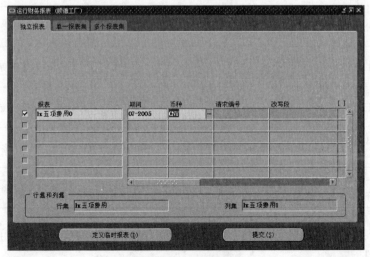

图 2-89 定义报表

图 2-90 运行报表

定义完毕后，存盘退出。

FSG 报表生成，路径：报告→请求→财务。

选择需运行的 FSG 报表及会计周期，点击"提交"，系统产生一后台请求，请求运行完毕后，即生成所定义的报表。

系统的标准报表提交路径：报表→请求→标准。

标准和客户化报表索引。

2.8.3　介绍及报表列表

标准和客户化报表介绍：

除了能自定义的 FSG 报表外，GL 模块提供了各类标准报表。这些报表可用于查询、审核、对账、存档等。

标准和客户化报表使用步骤：

进入路径：报表→请求→标准；

通过值列表选择报表名称；

设置参数；

提交。

标准报表列表具体见表 2-13。

表 2-13　　　　　　　　　　　　　标准报表列表

报表名称	报表内容简要描述	报表用途
科目表—段值列表	会计弹性域中段值的列表，如明细科目列表，成本中心列表	审核、存档、备查
试算表—明细	查看某一段一定区间段值所有组合的明细账户余额，并根据该段段值列表。当选择公司段时，得到的是该公司的所有明细账户余额，即明细账户组合余额汇总表	试算平衡
日记账—分录	复核给定期间或期间范围、平衡段值、币种和账户段值范围的日记账活动	审核、备查
试算表—汇总 1	查看某一段一定区间段值所有的会计科目段的余额，并根据该段段值列表。本期数分借方、贷方分别反映	试算平衡
试算表—汇总 2	查看某一段一定区间段值所有组合的明细账户余额，并根据该段段值列表。可选择辅助段进行分页显示	试算平衡
账户分析（132 或 180 字符）	某一区间段的明细账户的期间发生明细（本位币）	审核、备查
账户分析—外币（132 或 180 字符）	某一区间段的明细账户的期间发生明细（外币）	审核、备查

对于提交完成的报表，可以在屏幕查询，也可转出为文本（TXT）文件和 Excel 文件。

第 3 章　财务智能分析辅助工具

3.1　财务人员常用 Excel 函数介绍

➤ Excel 函数的含义和格式。
■ Excel 函数的输入
■ 常用 Excel 函数
■ 函数运算常见错误及分析
➤ 能力目标：

对 Excel 内置函数框架、内涵的把握；能够读懂一个函数；为财务建模打基础。

3.1.1　Excel 函数的含义和格式

函数：函数是位于数学领域中的一种对应关系。如果一个量依赖于另一个量，后一个量变化时，前一个量也随着变化，那么前一个量就是后一个量的函数。简单地说，甲随着乙变，甲就是乙的函数。

➤ Excel 函数是系统预定义的特殊公式。
➤ Excel 函数的格式：

函数名（参数1，参数2，…，参数 n）；

［］表示可以缺省的参数。

3.1.2　Excel 函数的输入

➤ 直接输入。
➤ 应用【插入函数】按钮。

3.1.3　常用 Excel 函数

常用 Excel 函数具体见表 3 – 1。

表 3 – 1　　　　　　　　　　　常用 Excel 函数

序号	函数类别	全部	重点讲授
1	财务	53	23
2	时间与日期	20	20
3	数学与三角	60	18
4	统计	83	23
5	查找与引用	17	5
6	数据库	12	8
7	文本	35	21
8	逻辑	7	4
9	信息	18	4
10	工程	39	—
11	多维数据集	7	—
12	加载宏和自动化	5	—
	合计	356	126

3.2　日期与时间

3.2.1　了解 Excel 的日期、时间系统

◎ Excel 将日期和时间存储为可用于计算的序列号。Windows 系统下的 Excel 默认使用 "1900 年系统"：1900 年 1 月 1 日的序列号是 1，而 1900 年 1 月 2 日的序列号是 2，以此类推，直至 9999 年 12 月 31 日的序列号是 2958465。

◎ Excel 将时间也记录成为具有唯一性的序列号。把 24 小时设为 1，可细分至秒。

例如，上午 10 点 17 分 58 秒的序列号可以这样求得：

10 点，10/24 = 0.416666667（保留 9 位小数，下同）

17 分，17/(24 × 60) = 0.011805556

58 秒，58/(24 × 60 × 60) = 0.000671296

加在一起得到 0.429143519。

日期、时间函数汇总具体见表 3 – 2。

表 3 - 2 　　　　　　　　　　　　　　　日期、时间函数汇总

序号	函数名	含义	序号	函数名	含义
1	DATE	返回给定日期的序列号	11	NOW	返回当前系统时间
2	DATEVALUE	返回给定文本日期的序列号	12	SECOND	返回给定时间对应的秒数值
3	DAY	返回给定日期对应的日数值	13	TIME	返回给定时间的序列号
4	DAYS360	按照一年 360 天返回两个给定日期间相差的天数	14	TIMEVALUE	返回给定文本时间的序列号
5	EDATE	返回给定日期在若干个月之前（后）的对应日期	15	TODAY	返回当前系统日期
6	EOMONTH	返回给定日期之前（后）若干个月的月末日期	16	WEEKDAY	返回给定日期的星期数
7	HUOR	返回给定时间对应的小时数值	17	WEEKNUM	返回给定日期为一年中第几周
8	MINUTE	返回给定时间对应的秒数值	18	WORKDAY	返回给定日期之前（后）若干个工作日的日期
9	MONTH	返回给定日期对应的月份数值	19	YEAR	返回给定日期对应的年份数值
10	NETWORKDAYS	返回两个给定日期之间的工作日数	20	YEARFRAC	返回两个给定日期之间天数占全年天数的百分比

3.2.2　日期与时间函数（全部重点讲解）

（1）返回序列号：DATA、DATEVALUE、TIME、TIMEVALUE。

①日期与时间函数——返回序列号（DATE）。

◎ 返回给定日期的序列号。

◎ DATE（year，month，day）

● year - 代表年份的四位数字，取值范围为 1900 - 9999。可以是数值、单元格引用或者公式。

如果 year 介于 0 到 1899 之间（包含这两个值），系统会将该值与 1900 相加来计算年份。例如，DATE（111，5，2）将返回 2011 年 5 月 2 日（1900 + 111）。

如果 year 小于 0 或大于等于 10000，系统将返回错误值#NUM!。

● month - 代表月份的整数，取值范围为 1 ~ 12，可以是数值、单元格引用或者公式。

如果 month 大于 12，则给定年份加 1，月份为 month 值减去 12。例如，DATE（2010，17，8）返回表示 2011 年 5 月 8 日的序列号。

如果 month 小于 1，则给定年份减 1，月份为 12 减去 month 的绝对值。例如，DATE（2011，−3，5）返回表示 2010 年 9 月 5 日的序列号。

- day − 代表日的整数，取值范围为 1 − 31，可以是数值、单元格引用或者公式。

如果 day 大于指定月份的天数，则 day 从指定月份的第一天开始累加该天数。例如，DATE（2011，1，38）返回表示 2011 年 2 月 7 日的序列号。

如果 day 小于 1，则 day 从指定月份的第一天开始递减该天数，然后再加上 1 天。例如，DATE（2008，1，−15）返回表示 2007 年 12 月 16 日的序列号。

◎ 如果在输入该函数之前单元格格式为"常规"，Excel 会将单元格格式更改为与"控制面板"的区域日期和时间设置中指定的日期和时间格式相同的格式。则系统将自动将函数结果用日期格式显示，而不是显示数字格式的序列号。若要显示序列号，只需将单元格格式设成数字格式。

②日期与时间函数——返回序列号（DATEVALUE）。

◎ 返回给定文本日期的序列号。

◎ DATEVALUE（date_text）

date_text − 采用 Excel 日期格式的日期文本，或者是包含采用 Excel 日期格式文本的单元格引用。

date_text 必须表示 1900 年 1 月 1 日到 9999 年 12 月 31 日之间的某个日期。如果参数 date_text 的值超出上述范围，则函数返回错误值#VALUE！。

如果省略参数 date_text 中的年份部分，则函数会使用计算机系统的当前年份；如果省略日，则视为 1 日；如果 date_text 中还包括时间信息，则该信息将被忽略，仅返回日期序列号。

◎ 如果工作表包含采用文本格式的日期并且要对这些日期进行筛选、排序、设置日期格式或执行日期计算，则 DATEVALUE 函数将十分有用。

③日期与时间函数——返回序列号（TIME）。

◎ 返回给时间的序列号。

◎ TIME（hour，minute，second）

hour − 代表小时的整数，取值范围为 0 − 23，可以是数值、单元格引用或者公式。

大于 23 将除以 24，将余数视为小时。例如，TIME（27，0，0）= TIME（3，0，0）=0.125 或 3：00AM。

minute − 代表分的整数，取值范围为 0 ~ 59，可以是数值、单元格引用或者公式。

大于 59 将被转换为小时和分钟。例如，TIME（0，750，0）= TIME（12，30，0）=0.520833 或 12：30PM。

second − 代表秒的整数，取值范围为 0 − 59，可以是数值、单元格引用或者公式。

大于 59 将被转换为小时、分钟和秒。例如，TIME（0，0，2000）= TIME

（0，33，22）=.023148 或 12：33：20AM。

以上三个参数小于零都会返回错误#NUM！。

④日期与时间函数——返回序列号（TIMEVALUE）。

◎ 返回给定文本日期的序列号。

◎ TIMEVALUE（time_text）

Time_text – 采用 Excel 时间格式的时间文本，或者是包含采用 Excel 时间格式文本的单元格引用。

如果省略参数 date_text 中的秒数据，系统会把空白秒视为 0 秒，但如果省略小时或者分钟数据，则会返回错误值#VALUE！。

如果参数 time_text 给定的文本系统不能明确判断为时间，则也会返回错误值#VALUE！。

如果参数 time_text 中还包括日期信息，则该信息将被忽略，仅返回时间序列号。

（2）日期与时间函数。

提取给定日期、时间中的数值：YEAR、MONTH、DAY、HOUR、MIN-UTE、SECOND。

◎ YEAR 返回给定日期对应的年份数值。YEAR（serial_number）

◎ MONTH 返回给定日期对应的月份数值。MONTH（serial_number）

◎ DAY 返回给定日期对应的日数值。DAY（serial_number）

Serial_number 给定的日期，可以是日期或日期的序列号，单元格引用或结果是日期、日期序列号的函数或公式。

◎ HOUR 返回给定时间对应的小时数值。HOUR（serial_number）

◎ MINUTE 返回给定时间对应的分钟数值。MINUTE（serial_number）

◎ SECOND 返回给定时间对应的秒数值。SECOND（serial_number）

Serial_number – 给定的时间，可以是时间或时间的序列号，单元格引用或结果是时间、时间序列号的函数或公式。

（3）返回当前系统日期、时间：TODAY、NOW。

◎ TODAY 返回当前系统日期。TODAY（）

◎ NOW 返回当前系统日期和时间。NOW（）

函数名后面的括号必须有，否则返回错误#NAME？。

◎ TODAY 和 NOW 函数会在当前单元格发生更新而重新计算时进行自动更新。单元格的更新产生于有数据的录入、内容的改变、保存操作或者用户使用命令强制公式重新计算等。

（4）计算特定日期：EDATE、EOMONTH、WORKDAY。

①日期与时间函数——计算特定日期（EDATE、EOMONTH）。

◎ EDATE 返回给定日期在若干个月之前（后）的对应日期。EDATE（start_date，months）

◎ 常用于计算证券发行日后若干月到期日的日期，或反求。

◎ EOMONTH 返回给定日期之前（后）若干个月的月末日期。EOMONTH（start_date，months）

◎ 用 EOMONTH 可计算正好在特定月份中最后一天的到期日或发行日。

参数：

start_date – 给定的日期，可以是日期或日期的序列号，单元格引用或结果是日期、日期序列号的函数或公式。

months – start_date 之前或之后的月数。如果 months 不是整数，将截尾取整。正数表示之后，负数表示之前，0 表示当月。

②日期与时间函数——计算特定日期（WORKDAY）。

◎ 返回给定日期之前（后）若干个工作日的日期。WORKDAY（start_date，days，［holidays］）

start_date – 给定的日期，可以是日期或日期的序列号，单元格引用或结果是日期、日期序列号的函数或公式。

days – 为 start_date 之前或之后工作日的天数。如果 days 不是整数，将截尾取整。正数表示之后，负数表示之前，0 表示当日。

holidays – 为可选的列表，包含需要从工作日历中排除的一个或多个日期，如各种省/市/自治区和国家/地区的法定假日及非法定假日。该列表可以是包含日期的单元格区域，也可以是由代表日期的序列号所构成的数组常量。

◎ 在计算某些票据到期日、预期交货时间或工作天数时，可以使用 WORK-DAY 来扣除周末或假日。

（5）求时间段：DAYS360、NETWORKDAYS、YEARFRAC。

◎ DAYS360 按照一年 360 天的算法返回两个给定日期间相差的天数。DAYS360（start_date，end_date，［method］）

◎ NETWORKDAYS 返回两个给定日期之间的工作日数。NETWORKDAYS（start_date，end_date，［holidays］）

◎ YEARFRAC 返回两个给定日期之间天数占全年天数的百分比。YEARF-RAC（start_date，end_date，［basis］）

参数：

start_date，end_date – 给定的两个日期或日期的序列号，单元格引用或结果是日期、日期序列号的函数或公式。如果 start_date 在 end_date 之后，则 DAYS360 将返回一个负数。

method – 逻辑值，指定在计算中是采用欧洲方法还是美国方法。

holidays – 为可选的列表，包含需要从工作日历中排除的一个或多个日期，如各种省/市/自治区和国家/地区的法定假日及非法定假日。该列表可以是包含日期的单元格区域，也可以是由代表日期的序列号所构成的数组常量。

basis – 给定日计数基准类型。0 或缺省，US（NASD）30/360；1，实际天数/实际天数；2，实际天数/360；3，实际天数/365；4，欧洲 30/360。

逻辑值的定义见表 3 – 3。

表 3－3	逻辑值的定义
method	定义
FALSE 或缺省	美国方法（NASD）。如果起始日期为某月的最后一天，则等于当月的 30 号。如果终止日期为某月的最后一天，并且起始日期早于某月的 30 号，则终止日期等于下个月的 1 号，否则，终止日期等于当月的 30 号
TRUE	欧洲方法。无论起始日期还是终止日期为某月的 31 号，都等于当月的 30 号

（6）星期函数：WEEKDAY、WEEKNUM。

◎ WEEKDAY 返回给定日期的星期数。WEEKDAY（serial_number，return_type）

Serial_number－给定的日期，可以是日期或日期的序列号，单元格引用或结果是日期、日期序列号的函数或公式。

Return_type－确定返回值类型的数字。

函数 WEEKDAY 返回值类型见表 3－4。

表 3－4	函数 WEEKDAY 返回值类型
Return_type	返回的数字
1 或缺省	数字 1（星期日）到数字 7（星期六）
2	数字 1（星期一）到数字 7（星期日）
3	数字 0（星期一）到数字 6（星期日）

◎ WEEKNUM 返回给定日期为一年中的第几周。WEEKNUM（serial_num，return_type）

Serial_num－给定的日期，可以是日期或日期的序列号，单元格引用或结果是日期、日期序列号的函数或公式。

Return_type－确定返回值类型的数字。

函数 WEEKNUM 返回值类型见表 3－5。

表 3－5	函数 WEEKNUM 返回值类型
Return_type	星期开始于
1 或缺省	星期从星期日开始。星期内的天数从 1 到 7 记数
2	星期从星期一开始。星期内的天数从 1 到 7 记数

3.3 数学与三角函数

3.3.1 数学与三角函数概览

数学与三角函数见表 3－6、表 3－7、表 3－8。

表 3 – 6　　　　　　　　　　　　　　数学与三角函数（一）

序号	函数名	含义	序号	函数名	含义
1	ABS	返回给定参数的绝对值	11	COS	返回给定参数的余弦值
2	ACOS	返回给定参数的反余弦值	12	COSH	返回给定参数的双曲余弦值
3	ACOSH	返回给定参数的反双曲余弦值	13	DEGREES	将给定的弧度转换为度数
4	ASIN	返回给定参数的反正弦值	14	EVEN	将给定参数舍入为接近的偶数
5	ASINH	返回给定参数的反双曲正弦值	15	EXP	返回常数 e 的 N 次幂
6	ATAN	返回给定参数的反正切值	16	FACT	返回给定参数的阶乘
7	ATAN2	返回给定点（X，Y）的反正切值	17	FACTDOUBLE	返回给定参数的双阶乘
8	ATANH	返回给定参数的反双曲正切值	18	FLOOR	将给定参数向下舍入为指定基数的倍数
9	CEILING	将给定参数向上舍入为指定基数的倍数	19	GCD	返回给定参数的最大公约数
10	COMBIN	返回给定参数的组合数	20	INT	将给定参数向下舍入为整数

表 3 – 7　　　　　　　　　　　　　　数学与三角函数（二）

序号	函数名	含义	序号	函数名	含义
21	LCM	返回给定参数的最小公倍数	31	ODD	将给定参数舍入为接近的奇数
22	LN	返回给定参数的自然对数	32	PI	返回圆周率 π 的值
23	LOG	根据给定底数，返回给定参数的对数	33	POWER	返回给定参数的乘幂
24	LOG10	返回给定参数的常用对数	34	PRODUCT	返回给定参数的乘积
25	MDETERM	返回数组的矩阵行列式的值	35	QUOTIENT	返回两数相除之商的整数部分
26	MINVERSE	返回数组的逆矩阵行列式的值	36	RADIANS	将给定的度数转换为弧度
27	MMULT	返回两个数组的矩阵乘积	37	RAND	返回 0 和 1 之间的随机实数
28	MOD	返回两数相除的余数	38	RANDBETWEEN	返回两个指定数之间的随机整数
29	MROUND	将给定参数四舍五入到最接近指定基数倍数的数值	39	ROMAN	将阿拉伯数字转换为文本式罗马数字
30	MULTINOMIAL	返回给定参数和的阶乘与各参数阶乘乘积的比值	40	ROUND	将给定参数按给定位数四舍五入

表 3 - 8　　　　　　　　　　　　**数学与三角函数（三）**

序号	函数名	含义	序号	函数名	含义
41	ROUNDDOWN	将给定参数按给定位数趋近零值舍入	51	SUMIF	返回符合给定条件的给定单元格值之和
42	ROUNDUP	将给定参数按给定位数远离零值舍入	52	SUMIFS	返回符合多个给定条件的给定单元格值之和
43	SERLESSUM	返回幂级数的和	53	SUMPRODUCT	返回给定数组中对应数值的乘积和
44	SIGN	返回给定参数的正负符号	54	SUMSQ	返回给定参数的平方和
45	SIN	返回给定角度的正弦值	55	SUMX2MY2	返回给定数组中对应数值的平方差之和
46	SINH	返回给定参数的双曲正弦值	56	SUMX2PY2	返回给定数组中对应数值的平方和之和
47	SQRT	返回给定参数的算数平方根	57	SUMXMY2	返回两个数组中对应数值差的平方和
48	SQRTPI	返回给定参数与 π 乘积的平方根	58	TAN	返回给定角度的正切值
49	SUBTOTAL	返回列表或数据库中的分类汇总	59	TANH	返回给定参数的双曲正切值
50	SUM	返回给定参数的和	60	TRUNC	将给定参数截尾舍入

3.3.2　数学与三角函数（重点讲解）

◎ 绝对值：ABS

◎ 判断正负：SIGN

◎ 乘积、乘积和：PRODUCT、SUMPRODUCT

◎ 汇总：SUM、SUBTOTAL、SUMIF、SUMIFS

◎ 舍入：

- ROUND、ROUNDDOWN、ROUNDUP

- INT、TRUNC

- CEILING、FLOOR、MROUND

- EVEN、ODD

（1）数学与三角函数——绝对值（ABS）。

◎ 返回参数的绝对值。

◎ ABS（number）

- number – 需要计算其绝对值的值。

○ number 可以是数值型数据（数值文本能够被系统智能地视为数值型），可以是单元格引用，也可以是结果为数值的公式，其他除文本型数据（非数值文本）外都可以进行计算，逻辑型 TRUE 视为 1，FALSE 视为 0，日期型或者时间型则系统会按照日期或时间的序列数进行运算，如果是不能转换为数值的文本则报错#NAME?。

◎ 一些现金流量的相关计算中可能会用到此函数。

（2）数学与三角函数——判断正负（SIGN）。

◎ 返回给定参数的正负符号。

◎ SIGN（number）

- number – 需要判断正负的数值。

◎ 当给定参数给正数时返回 1，0 返回 0，负数返回 –1。

◎ 有时候要比较两列数的大小后进行相应处理，可以用 IF 嵌套 SIGN，如预算是否超支、员工是否全勤等。

（3）乘积、乘积和：PRODUCT、SUMPRODUCT。

①数学与三角函数——乘积（PRODUCT）。

◎ 返回给定参数的乘积。

◎ PRODUCT（number1，[number2]，…）

- number1，number2，… – 要相乘的若干值，允许设置 1~255 个。

○ number 可以是输入的数据，可以是单元格引用或数组，也可以是结果为数值的公式。

○ 输入的参数除非数值文本外都可以进行计算：数值文本能够被系统智能地视为数值型；逻辑型 TRUE 视为 1，FALSE 视为 0；日期型或者时间型则系统会按照日期或时间的序列数进行运算；非数值文本则报错#NAME?。

○ 如果参数为数组或引用，则只有其中的数值将被计算，数组或引用中的空白单元格、逻辑值或文本将被忽略，但包含零值的单元格将被计算在内。但是如果引用中不包含数值则返回 0。

②数学与三角函数——乘积和（SUMPRODUCT）。

◎ 返回给定数组中对应数值的乘积和。

◎ SUMPRODUCT（array1，array2，[array3]，…）

- array1，array2，array3，… – 需要计算元素乘积和的数组，允许设置 2~255 个。

◎ 数组参数必须具有相同的维数，否则，函数将返回错误值#VALUE!。

◎ 函数将非数值型的数组元素作为 0 处理。

◎ 几个经典用法：

- 几个区域内所有对应元素乘积和：SUMPRODUCT（区域 1 ＊ 区域 2 ＊ 区域 3 ＊ …）

- 区域内所有元素求和：SUMPRODUCT（区域）
- 多条件计数：SUMPRODUCT（（条件 1）＊（条件 2）＊（条件 3）＊…）
- 多条件求和：SUMPRODUCT（（条件 1）＊（条件 2）＊（条件 3）＊…＊求和区域）

（4）汇总：SUM、SUBTOTAL、SUMIF、SUMIFS。

①数学与三角函数——汇总（SUM）。

◎ 返回给定参数的和。

◎ SUM（number1，［number2］，…）

- number1，number2，…－要求和的若干值，允许设置 1～255 个（参数定义与 PRODUCT 相同）。

○ number 可以是输入的数据，可以是单元格引用或数组，也可以是结果为数值的公式。

○ 输入的参数除非数值文本外都可以进行计算：数值文本能够被系统智能地视为数值型；逻辑型 TRUE 视为 1，FALSE 视为 0；日期型或者时间型则系统会按照日期或时间的序列数进行运算；非数值文本则报错#NAME?。

○ 如果参数为数组或引用，则只有其中的数值将被计算，数组或引用中的空白单元格、逻辑值或文本将被忽略，但包含零值的单元格将被计算在内。但是如果引用中不包含数值则返回 0。

②数学与三角函数——汇总（SUBTOTAL）。

◎ 返回列表或数据库中的分类汇总。

◎ SUBTOTAL（function_num，ref1，［ref2］，…）

- function_num－为 1 到 11（包含隐藏值）或 101 到 111（忽略隐藏值）之间的数字，指定使用何种函数在列表或数据库中进行分类汇总计算。
- ref1，ref2，…－要进行分类汇总的引用，允许设置 1～254 个。

◎ 如果在 ref1，ref2，…中有其他的分类汇总（嵌套分类汇总），将忽略这些嵌套分类汇总，以避免重复计算。

◎ 一旦创建了分类汇总，在分类汇总表中，我们可以通过改变 SUBTOTAL 函数的参数来进行各种运算。

函数 SUBTOTAL 的参数汉语见表 3-9。

表 3-9　　　　　　　　　　　　函数 **SUBTOTAL** 的参数含义

Function_num（包含隐藏值）	Function_num（忽略隐藏值）	函数名	含义
1	101	AVERAGE	返回给定参数的平均值
2	102	COUNT	返回给定参数中数值的个数
3	103	COUNTA	返回给定参数中数据的个数
4	104	MAX	返回给定参数的最大值

Function_num（包含隐藏值）	Function_num（忽略隐藏值）	函数名	含义
5	105	MIN	返回给定参数的最小值
6	106	PRODUCT	返回给定参数的乘积
7	107	STDEV	基于样本估算标准偏差
8	108	STDEVP	基于整个样本总体计算标准偏差
9	109	SUM	返回给定参数的和
10	110	VAR	基于样本估算方差
11	111	VARP	计算基于样本总体的方差

③数学与三角函数——汇总（SUMIF、SUMIFS）。

◎ SUMIF 返回满足给定条件的给定单元格值之和。SUMIF（range，criteria，[sum_range]）

• range – 给定的条件单元格区域。可以包括数值或数值文本、数组和引用。空值和非数值文本将被忽略。

• criteria – 给定的判断条件，可以是数值、表达式、单元格引用、文本或函数。任何文本条件或任何含有逻辑或运算符的条件都必须使用双引号（"）括起来。如果条件为数值，则无须使用双引号。例如，条件可以表示为27、"＞＝27"、C5、"27"、"太阳集团"或 TODAY（）。

○ 在条件中可以使用通配符，即问号（?）和星号（*）。问号匹配任意单个字符；星号匹配任意字符序列。如果要表示实际的问号或星号，则要在字符前键入波形符（~）。

○ 条件不区分大小写。

○ 如果条件中的单元格为空单元格，函数会将其视为 0 值。

• sum_range – 要求和的实际单元格。其中包含 TRUE 的单元格计算为 1；包含 FALSE 的单元格计算为 0。缺省则函数对在 range 所给定的单元格（即条件单元格）求和。

○ sum_range 与 range 的大小和形状可以不同。求和的实际单元格通过以下方法确定：使用 sum_range 中左上角的单元格作为起始单元格，然后包括与 range 大小和形状相对应的单元格。

◎ SUMIFS 返回满足多个给定条件的给定单元格值之和。SUMIFS（sum_range，criteria_range1，criteria1，[criteria_range2，criteria2]，…）

◎ 与 SUMIF 非常相似，区别在于：

• sum_range 在前且 criteria_range，criteria 允许设置 1～127 组。

• SUMIFS 中每个 criteria_range 包含的行数和列数必须与 sum_range 相同，这些区域无须彼此相邻。

（5）舍入。

- ROUND、ROUNDDOWN、ROUNDUP
- INT、TRUNC
- CEILING、FLOOR、MROUND
- EVEN、ODD

①数学与三角函数——舍入函数（ROUND、ROUNDDOWN、ROUNDUP）。

◎ ROUND 将给定参数按给定位数四舍五入。ROUND（number，num_digits）

◎ ROUNDDOWN 将给定参数按给定位数趋近零值舍入。ROUNDDOWN（number，num_digits）

◎ ROUNDUP 将给定参数按给定位数远离零值舍入。ROUNDUP（number，num_digits）

参数：

number – 需要四舍五入的值。

- number 可以是数值型数据（数值文本能够被系统智能地视为数值型），可以是单元格引用，也可以是结果为数值的公式，其他除文本型数据（非数值文本）外都可以进行计算，逻辑型 TRUE 视为 1，FALSE 视为 0，日期型或者时间型则系统会按照日期或时间的序列数进行运算，如果是不能转换为数值的文本则报错#NAME?。

num_digits – 按此位数对 number 参数进行四舍五入。正为指定 number 舍入的小数位，0 表示将 number 舍入为整数，负为将 number 在小数点左侧进行舍入的位数。

②数学与三角函数——舍入函数（INT、TRUNC）。

◎ INT 将给定参数向下舍入为整数。INT（number）

◎ TRUNC 将给定参数截尾舍入。TRUNC（number，［num_digits］）

◎ INT 是真正的"取整"，计算结果必然是整数，而 TRUNC 只有在 num_digits 小于等于 0 的时候结果才是整数；INT 是向下舍入，而 TRUNC 是截尾，处理负数时即使都是取整结果也不同。

参数：

number – 给定的需舍入的值。

- number 可以是数值型数据（数值文本能够被系统智能地视为数值型），可以是单元格引用，也可以是结果为数值的公式，其他除文本型数据（非数值文本）外都可以进行计算，逻辑型 TRUE 视为 1，FALSE 视为 0，日期型或者时间型则系统会按照日期或时间的序列数进行运算，如果是不能转换为数值的文本则报错#NAME?。

num_digits – 给定截尾舍入的位数。num_digits 的缺省默认值为 0。正为指定 number 取整的小数位，0 表示将 number 舍入为整数，负为将 number 在小数点左侧进行舍入的位数。

③数学与三角函数——舍入函数（CEILING、FLOOR、MROUND）。

◎ CEILING 将给定参数向上舍入为指定基数的倍数。CEILING（number, significance）

◎ FLOOR 将给定参数向下舍入为指定基数的倍数。FLOOR（number, significance）

◎ MROUND 将给定参数四舍五入到最接近指定基数倍数的数值。MROUND（number, multiple）

◎ MROUND 与 CEILING 和 FLOOR 的区别：如果 number 除以基数 multiple 的余数大于或等于基数的一半，则函数向远离零的方向舍入，反之亦然。

◎ 所有函数的两个参数都需同正、负，否则返回错误值#NUM!。

参数：

number - 给定的需舍入的值。

• number 可以是数值型数据（数值文本能够被系统智能地视为数值型），可以是单元格引用，也可以是结果为数值的公式，其他除文本型数据（非数值文本）外都可以进行计算，逻辑型 TRUE 视为 1，FALSE 视为 0，日期型或者时间型则系统会按照日期或时间的序列数进行运算，如果是不能转换为数值的文本则报错#NAME?。

significance, multiple - 用以进行舍入计算的基数。

④数学与三角函数——舍入函数（EVEN、ODD）。

◎ EVEN 将给定参数舍入为接近的偶数。EVEN（number）

◎ ODD 将给定参数舍入为接近的奇数。ODD（number）

◎ 舍入的方向为远离 0 的方向，或者说绝对值更大的方向。即，如果参数 number 为正，则向上舍入；若为负，则向下舍入。

参数：

number - 给定的需舍入的值。

• number 可以是数值型数据（数值文本能够被系统智能地视为数值型），可以是单元格引用，也可以是结果为数值的公式，其他除文本型数据（非数值文本）外都可以进行计算，逻辑型 TRUE 视为 1，FALSE 视为 0，日期型或者时间型则系统会按照日期或时间的序列数进行运算，如果是不能转换为数值的文本则报错#NAME?。

3.4 统计

3.4.1 统计函数概览

统计函数见表 3 - 10、表 3 - 11、表 3 - 12。

表 3 - 10　　　　　　　　　　统计函数（一）

序号	函数名	含义	序号	函数名	含义
1	AVEDEV	返回数据点与它们平均值的绝对偏差平均值	15	COUNTA	返回给定参数中包含数据的个数
2	AVERAGE	返回给定参数的算术平均值	16	COUNTBLANK	返回给定区域中空白单元格的个数
3	AVERAGEA	返回给定参数的算术平均值（包括文本和逻辑值）	17	COUNTIF	计算区域内符合给定条件的单元格的数量
4	AVERAGEIF	返回满足给定条件数据集的算术平均值	18	COUNTIFS	计算区域内符合多个条件的单元格的数量
5	AVERAGEIFS	返回满足多重给定条件数据集的算术平均值	19	COVAR	返回协方差，成对偏差乘积的平均值
6	BETADIST	返回 Beta 累积分布函数	20	CRITBINOM	返回使累积二项式分布小于或等于临界值的最小值
7	BETAINV	返回指定 Beta 分布的累积分布函数的反函数	21	DEVSQ	返回偏差的平方和
8	BINOMDIST	返回一元二项式分布的概率值	22	EXPONDIST	返回指数分布
9	CHIDIST	返回 χ^2 分布的单尾概率	23	FDIST	返回 F 概率分布
10	CHIINV	返回 γ^2 分布的单尾概率的反函数	24	FINV	返回 F 概率分布的反函数值
11	CHITEST	返回独立性检验值	25	FISHER	返回 Fisher 变换值
12	CONFIDENCE	返回总体平均值的置信区间	26	FISHERINV	返回 Fisher 变换的反函数值
13	CORREL	返回两个数据集之间的相关系数	27	FORECAST	返回沿线性趋势的值
14	COUNT	返回给定参数中包含数值的个数	28	FREQUENCY	返回数值在给定区域内出现的频率

表 3 - 11　　　　　　　　　　统计函数（二）

序号	函数名	含义	序号	函数名	含义
29	FTEST	返回 F 检验的结果	33	GEOMEAN	返回几何平均值
30	GAMMADIST	返回 γ 分布	34	GROWTH	返回沿指数趋势的值
31	GAMMAINV	返回 γ 累积分布函数的反函数	35	HARMEAN	返回调和平均值
32	GAMMALN	返回 γ 函数的自然对数，$\Gamma(x)$	36	HYPGEOMDIST	返回超几何分布

序号	函数名	含义	序号	函数名	含义
37	INTERCEPT	返回线性回归线的截距	47	MIN	返回给定参数的最小值
38	KURT	返回数据集的峰值	48	MINA	返回给定参数的最小值（包括文本和逻辑值）
39	LARGE	返回给定参数中第 k 个最大值	49	MODE	返回给定参数的众数
40	LINEST	返回线性趋势的参数	50	NEGBINOMDIST	返回负二项式分布
41	LOGEST	返回指数趋势的参数	51	NORMDIST	返回正态累积分布
42	LOGINV	返回对数分布函数的反函数	52	NORMINV	返回标准正态累积分布的反函数
43	LOGNORMDIST	返回对数累积分布函数	53	NORMSDIST	返回标准正态累积分布
44	MAX	返回给定参数的最大值	54	NORMSINV	返回标准正态累积分布函数的反函数
45	MAXA	返回给定参数的最大值（包括文本和逻辑值）	55	PEARSON	返回 Pearson 乘积矩相关系数
46	MEDIAN	返回给定参数的中值	56	PERCENTILE	返回给定数据集的第 k 个百分点的值

表 3 – 12 统计函数（三）

序号	函数名	含义	序号	函数名	含义
57	PERCENTRANK	返回给定参数在列表中的百分比排位	67	STANDARDIZE	返回正态化数值
58	PERMUT	返回给定数目对象的排列数	68	STDEV	基于样本估算标准偏差
59	POISSON	返回泊松分布	69	STDEVA	基于样本（包括文本和逻辑值）估算标准偏差
60	PROB	返回区域中的数值落在指定区间内的概率	70	STDEVP	基于整个样本总体计算标准偏差
61	QUARTILE	返回给定参数的四分位数	71	STDEVPA	基于总体（包括文本和逻辑值）计算标准偏差
62	RANK	返回给定参数在列表中的排位	72	STEYX	返回通过线性回归法预测每个 x 的 y 值时所产生的标准误差
63	RSQ	返回 Pearson 乘积矩相关系数的平方	73	TDIST	返回学生的 t 分布
64	SKEW	返回分布的不对称度	74	TINV	返回学生的 t 分布的反函数
65	SLOPE	返回线性回归线的斜率	75	TREND	返回沿线性趋势的值
66	SMALL	返回给定参数中第 k 个最小值	76	TRIMMEAN	返回给定数据集的内部平均值

序号	函数名	含义	序号	函数名	含义
77	TTEST	返回与学生的 t 检验相关的概率	81	VARPA	计算基于总体（包括文本和逻辑值）的标准偏差
78	VAR	基于样本估算方差	82	WEIBULL	返回 Weibull 分布
79	VARA	基于样本（包括文本和逻辑值）估算方差	83	ZTEST	返回 z 检验的单尾概率值
80	VARP	计算基于样本总体的方差			

3.4.2　统计函数（重点讲解）

◎ 均值：

• 算术平均值：AVERAGE、AVERAGEA、AVERAGEIF、AVERAGEIFS、TRIM-MEAN

• 几何平均值：GEOMEAN

◎ 频率和众数：FREQUENCY、MODE

◎ 排位：

• MAX/MAXA、MIN/MINA

• LARGE、SMALL

• RANK

• MEDIAN、QUARTILE、PERCENTILE

◎ 单元格统计：COUNT/COUNTA、COUNTBLANK、COUNTIF/COUNTIFS。

最常用的描述集中趋势的统计指标有以下三个：

◎ 均值（AVERAGE）：均值通常指算术平均值，由一组数的和除以这些数的个数计算得出。

◎ 中位数（MEDIAN）：一组数排序后中间位置的数（或者最中间两个数的平均数）。

◎ 众数（MODE）：一组数中出现最多的数。

（1）统计函数——均值（AVERAGEIF、AVERAGEIFS）。

◎ AVERAGE 返回给定参数的算术平均值。AVERAGE（number1，[number2]，…）

◎ number1，number2，… – 要求平均值的若干值，允许设置 1~255 个。

• number 可以是输入的数据，可以是单元格引用或数组，也可以是结果为数值的公式。

• 输入的参数除非数值文本外都可以进行计算：数值文本能够被系统智能地视为数值型；逻辑型 TRUE 视为 1，FALSE 视为 0；日期型或者时间型则系统会按照日期或时间的序列数进行运算；非数值文本则报错#NAME?。

• 如果参数为数组或引用，则只有其中的数值将被计算，数组或引用中的空白单元格、逻辑值或文本将被忽略，但包含零值的单元格将被计算在内。而如果引用中不包含数值则报错。

◎ AVERAGEA 返回给定参数的算术平均值（包括文本和逻辑值）。AVERAGEA（value1，[value2]，…）

◎ 参数定义与 AVERAGE 相同，除了：

• 引用或数组参数中包含 TRUE 的作为 1 计算，包含 FALSE 的作为 0 计算。

• 引用或数组参数包含文本的将作为 0 计算。空文本（""）也作为 0 计算。

◎ AVERAGEIF 返回满足给定条件数据集的算术平均值。AVERAGE（range，criteria，[average_range]）

◎ range – 给定的条件单元格区域。可以包括数值或数值文本、数组和引用。空值和非数值文本将被忽略。

◎ criteria – 给定的判断条件可以是数值、表达式、单元格引用、文本或函数。任何文本条件或任何含有逻辑或运算符的条件都必须使用双引号（"）括起来。如果条件为数值，则无须使用双引号。例如，条件可以表示为 27、" > = 27"、C5、"27"、"太阳集团" 或 TODAY（）。

• 在条件中可以使用通配符，即问号（?）和星号（ * ）。问号匹配任意单个字符；星号匹配任意字符序列。如果要表示实际的问号或星号，则要在字符前键入波形符（ ~ ）。

• 条件不区分大小写。

• 如果条件中的单元格为空单元格，函数会将其视为 0 值。

◎ average_range – 要求平均值的实际单元格。缺省则函数对在 range 所给定的单元格（即条件单元格）求和。

• average_range 与 range 的大小和形状可以不同。求平均值的实际单元格通过以下方法确定：使用 average_range 中左上角的单元格作为起始单元格，然后包括与 range 大小和形状相对应的单元格。

◎ AVERAGEIFS 返回满足多重给定条件数据集的算术平均值。AVERAGEIFS（average_range，criteria_range1，criteria1，[criteria_range2，criteria2]，…）

◎ 参数性质与 AVERAGEIF 相同，区别在于 average_range 在前且 criteria_range1，criteria1 允许设置 1 ~ 127 组。

◎ 函数注意事项也与 SUMIF 相同，除了 AVERAGEIFS 中每个 criteria_range 包含的行数和列数必须与 average_range 相同，这些区域无须彼此相邻。

（2）统计函数——内部平均值（TRIMMEAN）。

◎ 返回给定数据集的内部平均值。

◎ TRIMMEAN（array，percent）

◎ array – 给定的数组或数值区域。

◎ percent – 计算时要剔除数据点的比例（例如：若 percent = 0.1，在 20 个数据点的集合中，就要除去 2 个数据点（20x0.1），头部除去 1 个，尾部除去 1 个）。

- 如果 percent < 0 或 percent > 1，函数返回错误值#NUM！。

◎ 函数将除去的数据点数目向下舍入为最接近的 2 的倍数。例如，若 percent = 0.1，30 个数据点的 10% 等于 3 个数据点。函数将对称地在数据集的头部和尾部各除去一个数据。

（3）统计函数——几何平均值（GEOMEAN）。

◎ 返回给定参数的几何平均值（n 个数的乘积的 n 次方根）。

◎ GEOMEAN（number1，[number2]，…）

◎ number1，number2，… – 要求几何平均值的若干值，允许设置 1 ~ 255 个。

➤ number 可以是输入的数据，可以是单元格引用或数组，也可以是结果为数值的公式。

➤ 输入的参数除非数值文本外都可以进行计算：数值文本能够被系统智能地视为数值型；逻辑型 TRUE 视为 1，FALSE 视为 0；日期型或者时间型则系统会按照日期或时间的序列数进行运算；非数值文本则报错#NAME？。

➤ 如果参数为数组或引用，则只有其中的数值将被计算，数组或引用中的空白单元格、逻辑值或文本将被忽略，但包含零值的单元格将被计算在内。而如果引用中不包含数值则报错。

◎ 可以使用此函数计算可变复利的平均增长率等。

（4）统计函数——频率（FREQUENCY）。

◎ 返回数值在给定区域内出现的频率。

◎ FREQUENCY（data_array，bins_array）

◎ data_array – 给定的数组或数据区域。

◎ bins_array – 给定的区间数组或对区间的引用，用于对 data_array 中的数值进行分组。

◎ 函数返回的结果是一个数组，所以它必须以数组公式的形式输入。函数的结果，也就是返回的数组元素个数比 bins_array 中的元素个数要多 1 个。

◎ 如果 data_array 中不包含任何数值，函数将返回一个零数组且该数组与 data_array 中的元素个数相等。

◎ 忽略空白单元格和文本。

（5）统计函数——众数（MODE）。

◎ 返回给定参数的众数。

◎ MODE（number1，[number2]，…）

◎ number1，number2，… – 要求众数的若干值，允许设置 1 ~ 255 个。

- number 可以是输入的数据，可以是单元格引用或数组，也可以是结果为数值的公式。

- 输入的参数除非数值文本外都可以进行计算：数值文本能够被系统智能

地视为数值型；逻辑型 TRUE 视为 1，FALSE 视为 0；日期型或者时间型则系统会按照日期或时间的序列数进行运算；非数值文本则报错#NAME?。

- 如果参数为数组或引用，则只有其中的数值将被计算，数组或引用中的空白单元格、逻辑值或文本将被忽略，但包含零值的单元格将被计算在内。而如果引用中不包含数值则报错。

◎ 如果数据集中不含有重复的数据，则函数返回错误值 N/A!。

（6）统计函数——排位（MAX、MAXA）。

◎ MAX 返回给定参数的最大值。

◎ MAX（number1，[number2]，…）

◎ number1，number2，… – 要求最大值的若干值，允许设置 1 ~ 255 个。

➢ number 可以是输入的数据，可以是单元格引用或数组，也可以是结果为数值的公式。

➢ 输入的参数除非数值文本外都可以进行计算：数值文本能够被系统智能地视为数值型；逻辑型 TRUE 视为 1，FALSE 视为 0；日期型或者时间型则系统会按照日期或时间的序列数进行运算；非数值文本则报错#NAME?。

➢ 如果参数为数组或引用，则只有其中的数值将被计算，数组或引用中的空白单元格、逻辑值或文本将被忽略，但包含零值的单元格将被计算在内。而如果引用中不包含数值则返回 0。

◎ MAXA 返回给定参数的最大值（包括文本和逻辑值）。

◎ MAXA（value 1，[value 2]，…）

➢ 参数定义与 MAX 相同，除了：引用或数组参数中包含 TRUE 的作为 1 计算，包含 FALSE 的作为 0 计算。引用或数组参数中包含文本的将作为 0 计算。空文本（""）也作为 0 计算。

（7）统计函数——排位（MIN、MINA）。

◎ MIN 返回给定参数的最小值。

◎ MIN（number1，[number2]，…）

◎ number1，number2，… – 要求最小值的若干值，允许设置 1 ~ 255 个。

➢ number 可以是输入的数据，可以是单元格引用或数组，也可以是结果为数值的公式。

➢ 输入的参数除非数值文本外都可以进行计算：数值文本能够被系统智能地视为数值型；逻辑型 TRUE 视为 1，FALSE 视为 0；日期型或者时间型则系统会按照日期或时间的序列数进行运算；非数值文本则报错#NAME?。

➢ 如果参数为数组或引用，则只有其中的数值将被计算，数组或引用中的空白单元格、逻辑值或文本将被忽略，但包含零值的单元格将被计算在内。而如果引用中不包含数值则返回 0。

◎ MINA 返回给定参数的最大值（包括文本和逻辑值）。

◎ MINA（value 1，[value 2]，…）

➢ 参数定义与 MIN 相同，除了：

■ 引用或数组参数中包含 TRUE 的作为 1 计算，包含 FALSE 的作为 0 计算。

■ 引用或数组参数中包含文本的将作为 0 计算。空文本（""）也作为 0 计算。

（8）统计函数——排位（MARGE、SMALL）。

◎ LARGE 返回给定参数中第 k 个最大值。

➤ LARGE（array，k）

◎ array – 给定的数组或数据区域。

➤ 如果数组为空，函数返回错误值#NUM！。

◎ k – 返回值在数组或数据区域中的位置（从大到小排）。

➤ 如果 k≤0 或 k 大于数据点的个数，函数返回错误值#NUM！。

➤ 如果区域中数据点的个数为 n，则函数 LARGE（array，1）返回最大值，函数 LARGE（array，n）返回最小值。

◎ SMALL 返回给定参数中第 k 个最小值。

➤ SMALL（array，k）

◎ 与 LARGE "大""小" 相反。

（9）统计函数——排位（RANK）。

◎ 返回给定参数在列表中的排位。

◎ RANK（number，ref，［order］）

◎ number – 给定的列表中需要排位的数值。可以是单元格引用，也可以是输入的数值型数据。

◎ ref – 数字列表数组或对数字列表的引用，number 需要在其中。ref 中的非数值型数据将被忽略。

◎ order – 数字，给定排位的方式。0 或缺省，按降序排位；不为零，按升序排位。

◎ 对重复数的排位相同。但重复数的存在将影响后续数值的排位。例如，在一列按升序排列的数中，如果某个数值出现了两次，其排位为 6，则后面比它大的数排位为 8。

（10）统计函数——排位（MEDINA）。

◎ MEDIAN 返回给定参数的中位数。

◎ MEDIAN（number1，［number2］，…）

➤ number1，number2，… – 要求中位数的若干值，允许设置 1～255 个。

■ number 可以是输入的数据，可以是单元格引用或数组，也可以是结果为数值的公式。

■ 输入的参数除非数值文本外都可以进行计算：数值文本能够被系统智能地视为数值型；逻辑型 TRUE 视为 1，FALSE 视为 0；日期型或者时间型则系统会按照日期或时间的序列数进行运算；非数值文本则报错#NAME?。

■ 如果参数为数组或引用，则只有其中的数值将被计算，数组或引用中的空白单元格、逻辑值或文本将被忽略，但包含零值的单元格将被计算在内。而如果引用中不包含数值则返回 0。

◎ 如果数据集中包含偶数个数字，函数返回位于中间的两个数的平均值。

（11）统计函数——排位（QUARTILE）。

◎ 返回给定参数的四分位数。

◎ QUARTILE（array，quart）

◎ array－要求四分位数的数组或数字型单元格区域。

➢ 如果 array 为空，函数返回错误值#NUM！。

◎ quart－给定函数返回四分位值的类型。

➢ 如果 quart 不为整数，将被截尾取整。如果 quart < 0 或 quart > 4，函数返回错误值#NUM！。

◎ 当 quart 分别等于 0、2 和 4 时，函数 MIN、MEDIAN 和 MAX 返回的值与 QUARTILE 返回的值相同。

函数 QUARTILE 的返回数见表 3－13。

表 3－13　　　　　　　　　　　　函数 QUARTILE 的返回数

如果 quart 等于	函数 QUARTILE 返回
0	最小值
1	第一个四分位数（第 25 个百分点值）
2	中位数（第 50 个百分点值）
3	第三个四分位数（第 75 个百分点值）
4	最大值

（12）统计函数——排位（PERCENTILE）。

◎ 返回给定数据集的第 k 个百分点的值。

◎ PERCENTILE（array，k）

◎ array－给定的数组或数据区域。

◎ 如果 array 为空或其数据点超过 8 191 个，函数返回错误值#NUM！。

◎ k－0 到 1 之间的百分点值，包含 0 和 1。

◎ 如果 k 为非数值型，函数返回错误值#VALUE！。

◎ 如果 k < 0 或 k > 1，函数返回错误值#NUM！。

（13）统计函数——单元格统计（COUNT、COUNTA、COUNTBLANK）。

◎ COUNT 返回给定参数中包含数值的个数。COUNT（value1，［value2］，…）

◎ value1，value2，…－给定的一组参数，允许设置 1～255 个。可以是输入的一组数据（任何类型），也可以是引用或数组。

◎ 错误值和非数值文本肯定不会被计算在内。

◎ 如果参数是输入的数值型、时间型、日期型、逻辑型数据或者数值文本，则将被计算在内。

◎ 如果参数为引用或数组，则只计算其中数值的个数。空单元格也不被计入。

◎ COUNTA 返回给定参数中包数据的个数。COUNTA（value1，[value2]，…）

◎ 参数定义同 COUNT，除了：

• COUNTA 函数可对包含任何类型信息的单元格进行计数，这些信息包括错误值和空文本（""）。但函数不会对空单元格进行计数。

◎ COUNTBLANK 返回给定区域中空白单元格的个数。COUNTBLANK（range）

◎ range – 给定的区域。

• 即使单元格中含有返回值为空文本（""）的公式，该单元格也会计算在内，但包含零值的单元格不计算在内。

（14）统计函数——单元格统计（COUNTIF、COUNTIFS）。

◎ COUNTIF 返回满足给定条件单元格的个数。COUNTIF（range，criteria）

◎ range – 给定的条件单元格区域。可以包括数值或文本、数组和引用。

◎ criteria – 给定的判断条件，可以是数值、表达式、单元格引用、文本或函数。任何文本条件或任何含有逻辑或运算符的条件都必须使用双引号（"）括起来。如果条件为数值，则无须使用双引号。例如，条件可以表示为 27、"> = 27"、C5、"27"、"太阳集团" 或 TODAY（）。

• 在条件中可以使用通配符，即问号（?）和星号（*）。问号匹配任意单个字符；星号匹配任意字符序列。如果要表示实际的问号或星号，则要在字符前键入波形符（~）。

• 如果条件中的单元格为空单元格，函数会将其视为 0 值。

• 条件不区分大小写。

◎ COUNTIFS 返回满足多重给定条件单元格的个数。COUNTIFS（criteria_range1，criteria1，[criteria_range2，criteria2]，…）

◎ 参数性质与 COUNTIF 相同，区别在于 criteria_range1，criteria1 允许设置 1～127 组。

◎ 函数注意事项也与 SUMIF 相同，除了：

◎ 每一个附加的区域包含的行数和列数必须与 criteria_range1 相同，这些区域无须彼此相邻。

3.5 查找与引用

3.5.1 查找与引用函数概览

查找与引用函数见表 3 – 14。

表 3 - 14   查找与引用函数

序号	函数名	含义
1	ADDRESS	以文本形式将引用值返回到工作表的单个单元格
2	AREAS	返回引用中涉及的区域个数
3	CHOOSE	从值的列表中选择值
4	COLUMN	返回引用的列号
5	COLUMNS	返回引用中包含的列数
6	GETPIVOTDATA	返回存储在数据透视表中的数据
7	HLOOKUP	在数据表或数组的首行查找给定的值,返回数据表或数组当前列中其他行的值
8	HYPERLINK	创建快捷方式或跳转
9	INDEX	使用索引从数组或引用中查找值
10	INDIRECT	返回由文本值指定的引用
11	LOOKUP	返回向量或数组中与给定值对应位置的值
12	MATCH	返回在给定区域与给定参数匹配的值的相对位置
13	OFFSET	从给定引用中返回引用偏移量
14	ROW	返回引用的行号
15	ROWS	返回引用中的行数
16	RTD	从支持 COM 自动化的程序中检索实时数据
17	TRANSPOSE	返回数组的转置
18	VLOOKUP	在数据表或数组的首列查找给定的值,返回数据表或数组当前行中其他列的值

3.5.2　查找与引用函数(重点讲解)

◎ MATCH 匹配函数

◎ INDEX 索引函数

◎ HLOOKUP 行查找函数

◎ VLOOKUP 列查找函数

◎ LOOKUP 数据查找函数

(1) 查找与引用函数——MATCH(匹配函数)。

◎ 返回在给定区域与给定参数匹配的值的相对位置。

◎ MATCH(lookup_value,lookup_array,[match_type])

• lookup_value 给定的要在 lookup_array 中查找的值,可以是数值型、文本型或逻辑型数据,也可以是对数值、文本、逻辑值的单元格引用。

• lookup_array 要搜索的单元格区域。

• match_type 指定函数查找方式,1 为查找小于等于 lookup_value 的最大值，lookup_array 中的值必须按升序排列；0 为查找等于 lookup_value 的第一个值，lookup_array 中的值可以按任何顺序排列；-1 为查找大于或等于 lookup_value 的最小值，lookup_array 中的值必须按降序排列。缺省值为 1。

◎ 查找文本值时，不区分大小写字母。

◎ 如果 match_type 为 0 且 lookup_value 为文本型数据，可以在 lookup_value 中使用通配符，即问号（?）和星号（＊）。问号匹配任意单个字符；星号匹配任意字符序列。如果要表示实际的问号或星号，则要在字符前键入波形符（~）。

（2）查找与引用函数——INDEX（索引函数）。

①数组形式。

◎ 返回给定单元格或数组中行号列标的元素的值。

◎ INDEX（array，[row_num]，[column_num]）

● array 给定单元格区域或数组。

● row_num array 中某行的行号，函数从该行返回数值。若 array 只包含一行，可省略 row_num，则必须有 column_num。

● column_num array 中某列的列标，函数从该列返回数值。若 array 只包含一列，可缺省 column_num，则必须有 row_num。

◎ 如果同时使用参数 row_num 和 column_num，函数返回 row_num 和 column_num 交叉处的单元格中的值；如果将 row_num 或 column_num 设置为 0 或缺省，函数分别返回整个列或行的值。

②引用形式。

◎ 返回给定行列交叉处的单元格引用。如果引用由不连续的选定区域组成，可以选择某一选定区域。

◎ INDEX（reference，[row_num]，[column_num]，[area_num]）

● reference 给定的对一个或多个单元格区域的引用。如果为引用不连续的区域，必须用括号括起来。例如，（A1：D3，A5：D7）。

● row_num reference 中某行的行号，函数从该行返回一个引用。

● column_num reference 中某列的列标，函数从该列返回一个引用。

● area_num 选择引用中的一个区域，返回该区域中 row_num 和 column_num 的交叉区域。选中或输入的第一个区域序号为 1，第二个为 2，以此类推。缺省则表示函数使用区域 1。

（3）查找与引用函数——HLOOKUP（行查找函数）。

◎ 在数据表或数组的首行查找给定的值，并由此返回数据表或数组当前列中其他行的值。

◎ HLOOKUP（lookup_value，table_array，row_index_num，[range_lookup]）

➤ lookup_value 要在数据表第一行中查找的数值。可以为数值、文本、逻辑值或引用。

➤ table_array 要在其中查找数据的数据表或数组。

➤ row_index_num 为 table_array 中待返回的匹配值的行序号。row_index_

num 为 1 时，返回 table_array 第一行的数值，row_index_num 为 2 时，返回 table_array 第二行的数值，以此类推。如果 row_index_num 小于 1，函数返回错误值#VALUE！；如果 row_index_num 大于 table_array 的行数，函数返回错误值#REF！。

➤ Range_lookup 逻辑值，给定函数查找时是精确匹配还是近似匹配。如为 TRUE，则返回近似匹配值。也就是说，如果找不到精确匹配值，则返回小于 lookup_value 的最大数值。此种情况下，table_array 第一行的数值应按升序排列，否则可能无法返回正确的结果；如为 FALSE，则返回精确匹配值。也就是说，如果找不到精确匹配值，则返回错误值#N/A。此种情况下，table_array 第一行的数值不需要排序。缺省值为 TRUE。

◎ 如果 table_array 第一行中有两个或多个值与 lookup_value 匹配，则使用第一个找到的值。

◎ 文本不区分大小写。

◎ 如果 range_lookup 为 FALSE 且 lookup_value 为文本，则可以在 lookup_value 中使用通配符，即问号（？）和星号（＊）。问号匹配任意单个字符；星号匹配任意字符序列。如果要表示实际的问号或星号，则要在字符前键入波形符（～）。

（4）查找与引用函数——VLOOKUP（列查找函数）。

◎ 在数据表或数组的首列查找给定的值，并由此返回数据表或数组当前行中其他列的值。

◎ VLOOKUP（lookup_value，table_array，col_index_num，［range_lookup］）

◎ VLOOKUP 函数和 HLOOKUP 函数非常相似，HLOOKUP 的含义、参数定义、注意事项等，只需把行换成列、把列换成行，都适用于 VLOOKUP。

◎ 当比较值位于数据表的首行，并且要查找下面给定行中的数据时，可以使用函数 HLOOKUP；当比较值位于要查找的数据左边的一列时，可以使用函数 VLOOKUP。INDEX 思路示意，如图 3－1 所示。

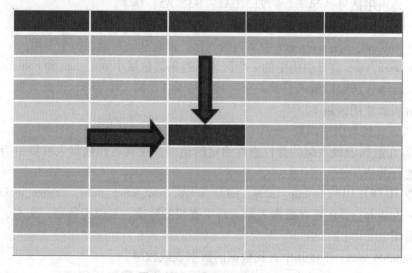

图 3－1　INDEX 思路示意

HLOOKUP 思路示意，如图 3 – 2 所示。

图 3 – 2　HLOOKUP 思路示意

VLOOKUP 思路示意，如图 3 – 3 所示。

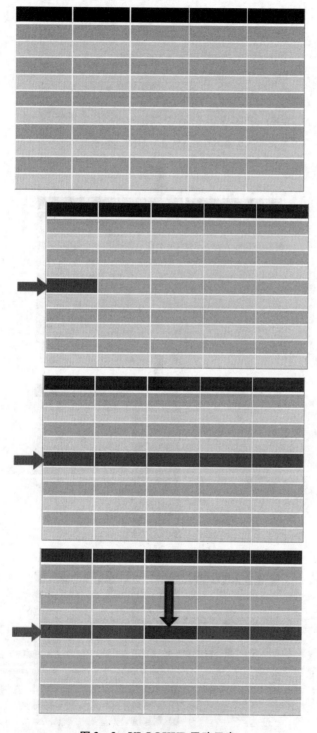

图 3 – 3 VLOOKUP 思路示意

（5）查找与引用函数——LOOKUP（数据查找函数）。

①向量形式。

◎ 在向量（只含一行或一列的区域）中查找给定的值，并由此返回另一个向量中相同位置的值。

◎ LOOKUP（lookup_value, lookup_vector, result_vector）

➤ lookup_value 要在第一个向量中查找的值。可以为数值、文本、逻辑值或引用。

➤ lookup_vector 给定的第一个向量。向量中的值必须以升序排列，否则函数可能返回不正确的结果。

➤ result_vector 给定的第二个向量，必须与 lookup_vector 大小相同。

◎ 如果找不到 lookup_value，则与 lookup_vector 中小于或等于 lookup_value 的最大值匹配。

◎ 如果 lookup_value 小于 lookup_vector 中的最小值，则 LOOKUP 会返回#N/A 错误值。

◎ 文本不区分大小写。

②数组形式。

◎ 在数组的第一行或第一列查找给定的值，并由此返回数组的最后一行或最后一列中相同位置的值。

◎ 一般而言，最好使用 HLOOKUP 或 VLOOKUP 函数而不是 LOOKUP 函数的数组形式。LOOKUP 的这种形式是为了与其他电子表格程序兼容而提供的。

3.6　数据库

3.6.1　数据库函数概览

数据库函数见表 3 – 15。

表 3 – 15　　　　　　　　　　　　　　**数据库函数**

序号	函数名	含义
1	DAVERAGE	返回所选数据库条目的平均值
2	DCOUNT	计算数据库中包含数字的单元格的数量
3	DCOUNTA	计算数据库中非空单元格的数量
4	DGET	从数据库提取符合指定条件的单个记录
5	DMAX	返回所选数据库条目的最大值
6	DMIN	返回所选数据库条目的最小值

续表

序号	函数名	含义
7	DPRODUCT	将数据库中符合条件的记录的特定字段中的值相乘
8	DSTDEV	基于所选数据库条目的样本估算标准偏差
9	DSTDEVP	基于所选数据库条目的样本总体计算标准偏差
10	DSUM	对数据库中符合条件的记录的字段列中的数字求和
11	DVAR	基于所选数据库条目的样本估算方差
12	DVARP	基于所选数据库条目的样本总体计算方差

3.6.2 数据库函数语法

函数名（database，field，criteria）

database 构成数据库的单元格区域。该区域为包含一组相关数据的列表，且列表的第一行必须为字段名。

field 给定函数计算所使用的数据列。

4 种输入方法，效果是一样的。

criteria 包含指定条件的单元格区域。该区域至少包含一个数据库中的字段名和字段名下方用于设定条件的单元格。

criteria 参数设置的单元格区域可能在构成数据库的单元格区域中，也就是在数据表中，这时候意味着该区域的全部值参加函数计算；而 criteria 参数设置的单元格区域也可能在数据表外新的区域，这时候就意味着这个区域是条件区域，给出了函数计算的制定条件。

3.6.3 数据库函数——DGET

◎ 从数据库提取符合指定条件的单个记录。

◎ DGET（database，field，criteria）

➤ database – 构成数据库的单元格区域。该区域为包含一组相关数据的列表，且列表的第一行必须为字段名。

➤ field – 给定函数计算所使用的数据列。

➤ criteria – 包含指定条件的单元格区域。该区域至少包含一个数据库中的字段名和字段名下方用于设定条件的单元格。

◎ 只能查找到唯一存在的记录，找不到记录将返回错误值#VALUE!，存在多个记录将返回错误值#NUM!

3.7　文本

3.7.1　文本函数概览

文本函数见表 3 – 16。

表 3 – 16　　　　　　　　　　　　　　　文本函数

序号	函数名	含义
1	ASC	将全角字符转换为半角字符
2	BAHTTEXT	将数字转换为泰语文本并添加后缀"泰铢"
3	CHAR	返回由代码数字指定的字符
4	CLEAN	清除非打印字符
5	CODE	返回文本中第一个字符的数字代码
6	CONCATENATE	将几个字符串合并为一个
7	DOLLAR	将数值四舍五入并转换为给定美元货币格式的文本
8	EXACT	检查两个文本是否相同
9	FIND	在一个文本中查找另一个文本（区分大小写）
10	FINDB	
11	FIXED	将数值四舍五入并转换为给定格式文本
12	LEFT	返回字符串左边字符
13	LEFTB	
14	LEN	返回文本的字符个数
15	LENB	
16	LOWER	将大写字母转换为小写字母
17	MID	从给定字符串的指定位置起返回特定个数的字符
18	MIDB	
19	PHONETIC	提取文本字符串中的拼音（汉字注音）字符
20	PROPER	将文本值的每个字的首字母大写
21	REPLACE	用新文本替换给定位置的旧文本
22	REPLACEB	
23	REPT	按给定次数重复文本

序号	函数名	含义
24	RIGHT	返回字符串右边字符
25	RIGHTB	
26	RMB	将数值四舍五入并转换为给定人民币货币格式的文本
27	SEARCH	在一个文本中查找另一个文本（不区分大小写）
28	SEARCHB	
29	SUBSTITUTE	用新文本替换给定内容的旧文本
30	T	将参数转换为文本
31	TEXT	设置数字格式并将其转换为文本
32	TRIM	清除不规则和非法空格
33	UPPER	将小写字母转换为大写字母
34	VALUE	将文本转换为数字
35	WIDECHAR	将半角字符转换为全角字符

3.7.2 文本函数（重点讲解）

◎ 格式转换：

➢ 全角、半角转换：ASC、WIDECHAR

➢ 大、小写转换：LOWER、UPPER

➢ 数值、文本转换：TEXT、VALUE、FIXED、DOLLAR、RMB

◎ 替换：REPLACE/REPLACEB、SUBSTITUTE

◎ 字符串合并、提取：CONCATENATE、MID/MIDB、LEFT/LEFTB、RIGHT/RIGHTB

◎ 清除字符：CLEAN、TRIM

3.7.3 文本函数——全角、半角转换（ASC、WIDECHAR）

◎ 全角是指一个字符占用两个标准字符位置。汉字字符和规定了全角的英文字符及国标 GB2312－80 中的图形符号和特殊字符都是全角字符；半角是指一个字符占用一个标准的字符位置。通常的英文字母、数字键、符号键都是半角的。

◎ ASC 将全角字符转换为半角字符。ASC（text）

• text－需要进行转换的文本或包含文本的单元格引用。

○ 如果文本中不包含任何全角字符，则文本不会更改。

◎ WIDECHAR 将半角字符转换为全角字符。WIDECHAR（text）

- 与 ASC 函数含义相反、其他相同。

3.7.4　文本函数——大小写转换（LOWER、UPPER）

◎ LOWER 将大写字母转换为小写字母。LOWER（text）

- text – 需要进行转换的文本或包含文本的单元格引用。

◎ 函数 LOWER 不改变文本中的小写字母和非字母的字符。

◎ UPPER 将小写字母转换为大写字母。UPPER（text）

- 与 LOWER 函数含义相反，其他相同。

3.7.5　文本函数——数值、文本转换（TEXT、VALUE）

◎ TEXT 设置数值格式并将其转换为文本：TEXT（value，format_text）。

- value – 需要进行转换的数值、计算结果为数值的公式或包含数值的单元格引用。

- format_text – 使用双引号括起来作为文本字符串的数值格式。

○ format_text 参数不能包含星号（＊）。

◎ VALUE 将数值文本转换为数值。VALUE（text）

- Excel 提供函数 VALUE 主要是为了与其他电子表格程序兼容。

符号说明见表 3 – 17、表 3 – 18、表 3 – 19、表 3 – 20。

表 3 – 17　　　　　　　　　　　　符号说明（一）

符号	说明
0	如果数值的位数少于格式中零的数量，则显示非有效零
#	按照与 0 相同的规则执行操作。但是，如果键入的数字在小数点任一侧的位数均少于格式中#符号的数量，Excel 不会显示多余的零
?	按照与 0 相同的规则执行操作。但是，对于小数点任一侧的非有效零，Excel 会加上空格，使得小数点在列中对齐
,	在数值中显示千位分隔符
%	将数值显示为百分数

表 3 – 18　　　　　　　　　　　　符号说明（二）

符号	说明
m	将月显示为不带前导零的数字
mm	根据需要将月显示为带前导零的数字
mmm	将月显示为缩写形式（Jan 到 Dec）

续表

符号	说明
mmmm	将月显示为完整名称（January 到 December）
mmmmm	将月显示为单个字母（J 到 D）
d	将日显示为不带前导零的数字
dd	根据需要将日显示为带前导零的数字
ddd	将日显示为缩写形式（Sun 到 Sat）
dddd	将日显示为完整名称（Sunday 到 Saturday）
yy	将年显示为两位数字
yyyy	将年显示为四位数字

表 3-19 　　　　　　　　　　　**符号说明（三）**

符号	说明
h	将小时显示为不带前导零的数字
hh	将小时显示为带前导零的数字。如果格式含有 AM 或 PM，则基于 12 小时制显示小时；否则，基于 24 小时制显示小时
m	将分钟显示为不带前导零的数字
mm	将分钟显示为带前导零的数字
s	将秒显示为不带前导零的数字
ss	将秒显示为带前导零的数字
AM/PM、am/pm、A/P、a/p	基于 12 小时制显示小时。时间介于午夜和中午之间时，Excel 会使用 AM、am、A 或 a 表示时间；时间介于中午和午夜之间时，Excel 会使用 PM、pm、P 或 p 表示时间

表 3-20 　　　　　　　　　　　**符号说明（四）**

符号	说明	符号	说明
$	美元符号	–	减号
+	加号	/	斜杠符号
(	左括号	)	右括号
:	冒号	!	感叹号
^	脱字符	&	与号
'	撇号	~	波形符
{	左大括号	}	右大括号
<	小于号	>	大于号
=	等于号		空格字符

3.7.6　文本函数——数值、文本转换（FIXED、DOLLAR、RMB）

◎ FIXED 将数值四舍五入并转换为给定格式文本。

◎ FIXED（number，[decimals]，[no_commas]）

➢ number – 需要进行转换的数值、计算结果为数值的公式或包含数值的单元格引用。

➢ decimals – 十进制数的小数位数。如果为负，则 number 在小数点左侧进行四舍五入。缺省值为 2。

➢ no_commas – 逻辑值，为 TRUE 则返回文本中不包含逗号；为 FALSE 则返回文本中包含逗号。缺省值为 FALSE。

◎ DOLLAR/RMB 将数值四舍五入并转换为给定美元/人民币货币格式的文本。DOLLAR/RMB（number，[decimals]）

➢ 参数定义同 FIXED，只比 FIXED 少了最后一个参数 no_commas，因为美元或人民币货币格式本身就是带着千位分隔符的。

3.7.7　文本函数——替换（REPLACE/REP）

◎ REPLACE/REPLACEB 用新文本替换给定位置的旧文本。

REPLACE（old_text，start_num，num_chars，new_text）

REPLACEB（old_text，start_num，num_bytes，new_text）

➢ old_text – 要替换部分字符的文本。

➢ start_num – 待替换字符在旧文本中的开始位置。

➢ num_chars – 使用新文本替换旧文本中字符的个数。

➢ num_bytes – 使用新文本替换旧文本中字节的个数。

➢ new_text – 用于替换旧文本中字符的新文本。

◎ 待替换的旧文本中字符的个数，并不需与新文本相同。

◎ 两个函数的区别：

➢ 函数 REPLACE 面向使用单字节字符集（SBCS）的语言，而函数 REPLACEB 面向使用双字节字符集（DBCS）的语言。

➢ 无论默认语言设置如何，函数 REPLACE 始终将每个字符（不管是单字节还是双字节）按 1 计数。

➢ 当启用支持 DBCS 语言的编辑并将其设置为默认语言时，函数 REPLACEB 会将每个双字节字符按 2 计数。

➢ 支持 DBCS 的语言包括中文（简体）、中文（繁体）、日语以及朝鲜语。

3.7.8　文本函数——替换（SUBSTITUTE）

◎ SUBSTITUTE 用新文本替换给定内容的旧文本。

◎ SUBSTITUTE（text，old_text，new_text，[instance_num]）

➢ text – 需要替换其中字符的文本型数据，或含有文本的单元格引用。

➢ old_text – 需要替换的旧文本。

➢ new_text – 用于替换的新文本。

➢ Instance_num – 数值，用来指定用新文本替换第几次出现的旧文本。缺省表示替换 text 中出现的所有旧文本。

◎ 几个替换函数的区别：如果需要在某一文本中替换指定的文本，可使用函数 SUBSTITUTE；如果需要在某一文本中替换指定位置处的任意文本，可使用函数 REPLACE/REPLACEB。

文本函数——（字符串合并）（CONCATENATE）

◎ CONCATENATE 将几个字符串合并为一个。CONCATENATE（text1，text2，…）

➢ text1，text2，… – 需要合并的字符串，可以是文本、数值，或对单个单元格的引用，允许设置 2 ~ 255 个。

◎ 即使被合并的 text 是数值，合并完之后函数返回的结果也是文本。

3.7.9 文本函数——字符串提取（MID/MIDB、LEFT/LEFTB、RIGHT/RIGHTB）

◎ MID/MIDB 从给定字符串的指定位置起返回特定个数的字符。

➢ MID（text，start_num，num_chars）

➢ MIDB（text，start_num，num_bytes）

◎ LEFT/LEFTB 返回字符串左边字符。

➢ LEFT（text，[num_chars]）

➢ LEFTB（text，[num_bytes]）

◎ RIGHT/RIGHTB 返回字符串右边字符。

➢ RIGHT（text，[num_chars]）

➢ RIGHTB（text，[num_bytes]）

◎ 参数：

➢ text – 给定的字符串，可以是文本、数值或对单个单元格的引用。

➢ start_num – 要提取的第一个字符的位置。

➢ • 若 start_num 大于文本长度，返回空文本（""）；若 start_num 小于文本长度，但 start_num 加上 num_chars 超过了文本的长度，返回至多直到文本末尾的字符；若 start_num 小于 1，则函数返回错误值#VALUE!。

➢ num_chars – 要提取字符的个数。

➢ num_bytes – 要提取字符的个数（按字节）。

➢ • 若 num_chars 或 num_bytes 大于文本长度，则函数返回全部文本；如果 num_chars 或 num_bytes 是负数，则函数返回错误值#VALUE!；对于 LEFT/

LEFTB 和 RIGHT/RIGHTB 函数，num_chars 或 num_bytes 缺省值为 1。

3.7.10　文本函数——清除字符（CLEAN、TRIM）

◎ CLEAN 清除非打印字符。CLEAN（text）

➤ text – 需要清除非打印字符的文本。

◎ CLEAN 并不能删除这些非打印字符，只是将其不显示出来。

◎ TRIM 清除不规则和非法空格。TRIM（text）

➤ text – 需要清除其中空格的文本。

◎ TRIM 并不能删除这些空格字符，只是将其不显示出来。

3.8　逻辑

3.8.1　逻辑函数概览

逻辑函数汇总见表 3 – 21。

表 3 – 21　　　　　　　　　　　　　　逻辑函数汇总

序号	函数名	含义
1	AND	给定参数均为真时返回 TRUE，否则返回 FALSE
2	FALSE	返回逻辑型数据 FALSE
3	IF	根据给定条件进行逻辑判断并返回给定的结果
4	IFERROR	如果公式的计算结果错误，则返回给定参数；否则返回公式的结果
5	NOT	对给定参数的逻辑求反
6	OR	给定参数有一个为真时返回 TRUE，否则返回 FALSE
7	TRUE	返回逻辑型数据 TRUE

3.8.2　逻辑函数——IF

◎ 根据给定条件进行逻辑判断并返回给定的结果。

◎ IF（logical_test，value_if_true，[value_if_false]）

➤ logical_test – 用以进行判断的逻辑表达式。

➤ value_if_true – logical_test 为 TRUE 时返回的值。若为空，则 logical_test 为 TRUE 时返回 0。

➤ value_if_false – logical_test 为 FALSE 时返回的值。缺省（即 value_if_true

后没有逗号）则 logical_test 为 FALSE 时返回逻辑型数据 FALSE；若为空（即 value_if_true 后有逗号），则 logical_test 为 FALSE 时返回 0。

◎ value_if_true 和 Value_if_false 可以是函数或公式，也就是说可以嵌套。而关于嵌套：最多可以使用 64 个 IF 函数作为 value_if_true 和 value_if_false 来进行嵌套。此外，若要检测多个条件，可以考虑使用查找与引用函数，如 LOOKUP、VLOOKUP、HLOOKUP 等。

如果参数包含数组，则在运算执行时，数组中的每一个元素都将计算。如图 3 – 4 所示。

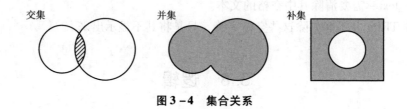

图 3 – 4　集合关系

3.8.3　逻辑函数——AND、OR、NOT

◎ AND 给定参数均为真时返回 TRUE，否则返回 FALSE。AND（logical1，［logical2］，…）

➢ logical1，logical2，… – 要检验的若干条件，允许设置 1 ~ 255 个。可以是逻辑型数据以及包含逻辑型数据的单元格引用或数组，也可以是结果为逻辑型数据的公式。

■ 如果数组或引用中包含文本或空白单元格，则这些值将被忽略。

■ 如果引用中包含的不是逻辑型数据，则函数将返回错误值#VALUE!。

◎ OR 给定参数有一个为真时返回 TRUE，否则返回 FALSE。OR（logical1，［logical2］，…）

➢ 参数定义同 AND。

◎ NOT 对给定参数的逻辑求反。NOT（logical）

➢ logical – 给定的逻辑值。可以是逻辑型数据以及包含逻辑型数据的单元格引用或数组，也可以是结果为逻辑型数据的公式。

3.9　信息

3.9.1　信息函数概览

信息函数汇总见表 3 – 22。

表 3 - 22　　　　　　　　　　　　　　　　　　　　信息函数汇总

序号	函数名	含义	序号	函数名	含义
1	CELL	返回有关单元格格式、位置或内容的信息	10	ISNONTEXT	判断是否为文本型数据
2	ERROR. TYPE	返回错误类型代码	11	ISNUMBER	判断是否为数值型数据
3	INFO	返回当前操作环境信息	12	ISODD	判断是否为奇数
4	ISBLANK	判断单元格是否为空	13	ISREF	判断是否为引用
5	ISERR	判断是否为除#N/A 以外的错误	14	ISTEXT	判断是否为文本型数据
6	ISERROR	判断是否为错误	15	N	将给定参数按规则转换为相应数值
7	ISEVEN	判断是否为偶数	16	NA	空白返回错误值#N/A
8	ISLOGICAL	判断是否为逻辑型数据	17	PHONETIC	提取文本字符串中的拼音字符（日文版）
9	ISNA	判断是否为#N/A 错误	18	TYPE	返回表示数据类型的数字

3.9.2　信息函数——CELL

◎ CELL 返回有关单元格的格式、位置或内容的信息。

◎ CELL（info_type，［reference］）

◎ info_type - 要返回的单元格信息类型。

◎ reference - 返回相关信息的单元格。缺省则返回最后更改的单元格。若参数 reference 为某一单元格区域，则函数 CELL 只将该信息返回给该区域左上角的单元格。

函数 CELL 返回类型见表 3 - 23。

表 3 - 23　　　　　　　　　　　　　　　　　　函数 CELL 返回类型

info_type	返回
"address"	引用中第一个单元格的引用，文本类型
"col"	引用中单元格的列标
"color"	如果单元格中的负值以不同颜色显示，则为值 1；否则，返回 0
"contents"	引用中左上角单元格的值：不是公式
"filename"	包含引用的文件名（包括全部路径），文本类型。如果包含目标引用的工作表尚未保存，则返回空文本（""）
"format"	与单元格中不同的数字格式相对应的文本值（见表 2 - 24）。如果单元格中负值以不同颜色显示，则在返回的文本值的结尾处加 " - "；如果单元格中为正值或所有单元格均加括号，则在文本值的结尾处返回 "（）"

续表

info_type	返回
"parentheses"	如果单元格中为正值或所有单元格均加括号，则为值1；否则返回0
"prefix"	与单元格中不同的"标志前缀"相对应的文本值。如果单元格文本左对齐，则返回单引号（'）；如果单元格文本右对齐，则返回双引号（"）；如果单元格文本居中，则返回插入字符（^）；如果单元格文本两端对齐，则返回反斜线（\ ）；如果是其他情况，则返回空文本（""）
"protect"	如果单元格没有锁定，则为值0；如果单元格锁定，则返回1
"row"	引用中单元格的行号
"type"	与单元格中的数据类型相对应的文本值。如果单元格为空，则返回"b"；如果单元格包含文本常量，则返回"l"；如果单元格包含其他内容，则返回"v"
"width"	取整后的单元格的列宽。列宽以默认字号的一个字符的宽度为单位

◎ CELL 返回有关单元格的格式、位置或内容的信息。

◎ CELL（info_type，［reference］）

◎ info_type – 要返回的单元格信息类型。

◎ reference – 返回相关信息的单元格。缺省则返回最后更改的单元格。若参数 reference 为某一单元格区域，则函数 CELL 只将该信息返回给该区域左上角的单元格。

函数 CELL 返回值见表 3 – 24。

表 3 – 24 　　　　　　　　　　函数 CELL 返回值

如果 Excel 的格式为	CELL 函数返回值
常规	"G"
0	"F0"
#，##0	"，0"
0.00	"F2"
#，##0.00	"，2"
$#，##0_）；（$#，##0）	"C0"
$#，##0_）；［Red］（$#，##0）	"C0 –"
$#，##0.00_）；（$#，##0.00）	"C2"
$#，##0.00_）；［Red］（$#，##0.00）	"C2 –"
0%	"P0"
0.00%	"P2"
0.00E + 00	"S2"
#? /? 或#?? /??	"G"
yy – m – d 或 yy – m – d h：mm 或 dd – mm – yy	"D4"
d – mmm – yy 或 dd – mmm – yy	"D1"

续表

如果 Excel 的格式为	CELL 函数返回值
d – mmm 或 dd – mmm	"D2"
mmm – yy	"D3"
dd – mm	"D5"
h：mm AM/PM	"D7"
h：mm：ss AM/PM	"D6"
h：mm	"D9"
h：mm：ss	"D8"

3.9.3　信息函数——ISNONTEXT、ISTEXT

◎ ISNONTEXT 判断是否不是文本型数据。ISNONTEXT（value）

◎ 如果给定参数不是文本型数据，ISNONTEXT 返回 TRUE，如果给定参数是文本型数据，则返回 FALSE。

◎ ISTEXT 判断是否为文本型数据。ISNONTEXT（value）

◎ 如果给定参数是文本型数据，ISTEXT 返回 TRUE，如果给定参数不是文本型数据，则返回 FALSE。

参数：

value – 要检验的值。可以是数值、文本、逻辑值、错误值、空白单元格或者引用。

● 参数 value 是不可转换的。任何用双引号括起的数值都将被视为文本。

信息函数中的 IS 函数见表 3 – 25。

表 3 – 25　　　　　　　　　　信息函数中的 IS 函数

序号	函数名	含义	序号	函数名	含义
1	CELL	返回有关单元格格式、位置或内容的信息	10	ISNONTEXT	判断是否不是文本型数据
2	ERROR. TYPE	返回错误类型代码	11	ISNUMBER	判断是否为数值型数据
3	INFO	返回当前操作环境信息	12	ISODD	判断是否为奇数
4	ISBLANK	判断单元格是否为空	13	ISREF	判断是否为引用
5	ISERR	判断是否为除#N/A 以外的错误	14	ISTEXT	判断是否为文本型数据
6	ISERROR	判断是否为错误	15	N	将给定参数按规则转换为相应数值
7	ISEVEN	判断是否为偶数	16	NA	空白返回错误值#N/A
8	ISLOGICAL	判断是否为逻辑型数据	17	PHONETIC	提取文本字符串中的拼音字符（日文版）
9	ISNA	判断是否为#N/A 错误	18	TYPE	返回表示数据类型的数字

3.9.4 信息函数——TYPE

◎ TYPE 返回表示数据类型的数字。

◎ TYPE（value）

● value – 任意类型数据、单元格引用、公式、数组。

◎ 数值型，返回1；文本型，返回2；逻辑型，返回4；错误，返回16；数组，返回64。

3.10 财务

3.10.1 财务函数概览

财务函数见表3–26、表3–27。

表 3–26 　　　　　　　　　　　　财务函数（一）

序号	函数名	含义	序号	函数名	含义
1	ACCRINT	有价证券利息	15	DISC	证券贴现率
2	ACCRINTM	一次付息有价证券利息	16	DOLLARDE	分数价格转换小数
3	AMORDEGRC	直线法计算折旧	17	DULLARFR	小数价格转换分数
4	AMORLINC	折旧	18	DURATION	定期付息的证券修正期限
5	COUPDAYBS	证券付息天数	19	EFFECT	计算有效年率
6	COUPDAYS	证券当前付息期天数	20	FV	求终值
7	COUPDAYSNC	证券从购买日期到下一次付息日之间的天数	21	FVSCHEDULE	变动利率下的终值
8	COUPNCD	证券付息日期	22	INTRATE	一次付息证券的贴现利率
9	COUPNUM	证券付息次数	23	IPMT	分期付款的利息
10	COUPPCD	证券上一付息日	24	IRR	内部收益率
11	CUMIPMT	贷款利息	25	ISPMT	贷款利息
12	CUMPRINC	计算贷款偿还本金	26	MDURATION	计算修正持续时间
13	DB	固定余额递减法计算折旧	27	MIRR	计算修正内部收益率
14	DDB	双倍余额递减法计算折旧	28	NOMINAL	计算复利利率

表 3 – 27   财务函数（二）

序号	函数名	含义	序号	函数名	含义
29	NPER	计算还款期数	42	RECEIVED	计算债券终值
30	NPV	净现值计算	43	SLN	线性折旧
31	ODDFPRICE	计算证券价格	44	SYD	年数总和法计提折旧
32	ODDFYIELD	计算收益率	45	TBILLEQ	计算国库券的等效收益率
33	ODDLPRICE	计算现值	46	TBILLPRICE	国库券的现值
34	ODDLYIELD	计算收益率	47	TBILLYIELD	国库券的收益率
35	PMT	求分期付款每期额度	48	VDB	可变双倍余额递减法
36	PPMT	分期付款的每期本金	49	XIRR	现金流的内部收益率
37	PEICE	定期付息证券价格	50	XNPV	现金流的净现值
38	PRICEDISC	折价发行证券的价格	51	RIELD	年收益率
39	PRICEMAT	到期付息的证券的价格	52	YIELDDISC	贴现收益率
40	PV	计算资金的现值	53	RIELDMAT	到期付息证券收益率
41	RATE	计算各期利率			

3.10.2 财务函数

◎ 货币的时间价值：FV、FVSCHEDULE、PV、RATE、NPER、PMT/ PPMT/IPMT/ISPMT、CUMIPMT/CUMPRINC

◎ 投资决策：NPV/XNPV、IRR/MIRR/XIRR

◎ 折旧：SLN、DB、DDB、VDB、SYD、AMORDEGRC、AMORLINC

◎ 证券：……（计算有价证券的应计利息、应付利息、计息天数、付息次数、贴现率、利率、收益率、久期、修正久期、价格、溢折价价格等）

◎ 其他：……

单利与复利如图 3 – 5 所示。

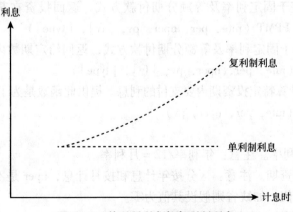

图 3 – 5 单利制利息与复利制利息

在原始本金一致的情况下，单利制与复利制在利率相同的条件下所表现的利息是不同的。

3.10.3 财务函数——货币时间价值（1）

◎ FV 返回给定金额的终值。FV（rate，nper，pmt，[pv]，[type]）

◎ FVSCHEDULE 基于一系列利率返回本金的终值。FVSCHEDULE（principal，schedule）

◎ PV 返回给定金额的现值。PV（rate，nper，pmt，[fv]，[type]）

◎ RATE 返回复利利率。RATE（nper，pmt，pv，[fv]，[type]，[guess]）

参数：

rate – 复利利率。注意：年利率/12 = 月利率。

nper – 总投资期。注意：区分按年计息和按月计息，nper 是不一样的。

pmt – 年金值。

fv – 复利终值。如缺省则假设其值为零。

pv – 复利现值。如缺省则假设其值为零。

type – 给定的付款时间类型。只能为 1（表示期初付款）或为 0（表示期末付款），缺省值为 0。如果 type 为 0 或 1 之外的任何数，函数返回错误值#NUM！。

principal – 现值。

schedule – 利率数组。schedule 中的值可以是数字或空白单元格，其他任何类型数据都将产生错误值#VALUE！。空白单元格被认为是 0 利率。

guess – 预期利率，缺省值为 10%。

以上：pmt、fv、pv，支出的款项表示为负数；收入的款项表示为正数。

3.10.4 财务函数——货币时间价值（2）

◎ PMT 给定现值或终值返回年金。PMT（rate，nper，pv，[fv]，[type]）

◎ PPMT 基于固定利率及等额分期付款方式，返回投资在某一给定期间内的本金偿还额。PPMT（rate，per，nper，pv，[fv]，[type]）

◎ IPMT 基于固定利率及等额分期付款方式，返回给定期数内对投资的利息偿还额。IPMT（rate，per，nper，pv，[fv]，[type]）

◎ ISPMT 计算特定投资期内要支付的利息。提供此函数是为了与 Lotus 1 – 2 – 3 兼容。ISPMT（rate，per，nper，pv）

参数：

rate – 复利利率。注意：年利率/12 = 月利率。

nper – 总投资期。注意：区分按年计息和按月计息，nper 是不一样的。

fv – 复利终值。如缺省则假设其值为零。

pv – 复利现值。如缺省则假设其值为零。

type – 给定的付款时间类型。只能为 1（表示期初付款）或为 0（表示期末付款），缺省值为 0。如果 type 为 0 或 1 之外的任何数，函数返回错误值#NUM！。

per – 用于计算本金数额（或者利息数额）的期数，必须介于 1 到 nper 之间。

以上：fv、pv，支出的款项表示为负数；收入的款项表示为正数。

3.10.5　财务函数——货币时间价值（3）

◎ CUMIPMT 返回一笔贷款在给定的 start_period 到 end_period 期间累计偿还的利息数额。CUMIPMT（rate，nper，pv，start_period，end_period，type）

◎ CUMPRINC 返回一笔贷款在给定的 start_period 到 end_period 期间累计偿还的本金数额。CUMPRINC（rate，nper，pv，start_period，end_period，type）

参数：

rate – 复利利率。注意：年利率/12 ＝ 月利率。

nper – 总投资期。注意：区分按年计息和按月计息，nper 是不一样的。

pv – 复利现值。如缺省则假设其值为零。

type – 给定的付款时间类型。只能为 1（表示期初付款）或为 0（表示期末付款），缺省值为 0。如果 type 为 0 或 1 之外的任何数，函数返回错误值#NUM！。

start_period – 计算中的首期，付款期数从 1 开始计数。

end_period – 计算中的末期。

注意：

nper、start_period、end_period 和 type 将被截尾取整。

若 rate≤0、nper≤0、pv≤0、start_period＜1、end_period＜1 或 start_period＞end_period，函数返回错误值#NUM！。

◎ 投资决策：NPV/XNPV、IRR/MIRR/XIRR

3.10.6　财务函数——投资决策（1）

◎ NPV 给定贴现率以及一系列未来支出和收入，返回一项投资的净现值。NPV（rate，value1，［value2］，…）

➤ rate – 贴现率。

➤ value1，value2，… – 代表支出及收入的 1 到 254 个参数。在时间上必须具有相等间隔，并且都发生在期末，且其顺序就代表了现金流的顺序。

◎ XNPV 返回一组现金流的净现值，这些现金流不一定定期发生。XNPV（rate，values，dates）

➤ rate – 贴现率。

➤ values – 与 dates 中的支付时间相对应的一系列现金流。

➤ dates – 与现金流支付相对应的支付日期表。第一个支付日期代表支付表的开始。其他日期应迟于该日期，但可按任何顺序排列。

3.10.7　财务函数——投资决策（2）

◎ IRR 返回一组现金流的内涵报酬率。IRR（values,［guess］）

➤ values – 一系列现金流。必须包含至少一个正值和一个负值，且其顺序就代表了现金流的顺序。

➤ guess – 对函数计算结果的估计值。缺省值为 10%。

◎ MIRR 返回某一连续期间内现金流的修正内涵报酬率。MIRR（values, finance_rate, reinvest_rate）

➤ values – 一系列现金流。

➤ finance_rate – 为现金流中使用的资金支付的利率。

➤ reinvest_rate – 为将现金流再投资的收益率。

◎ XIRR 返回一组现金流的内涵报酬率，这些现金流不一定定期发生。XIRR（values, dates,［guess］）

➤ values – 与 dates 中的支付时间相对应的一系列现金流。

➤ dates – 与现金流支付相对应的支付日期表。第一个支付日期代表支付表的开始。其他日期应迟于该日期，但可按任何顺序排列。

➤ guess – 对函数计算结果的估计值。缺省值为 10%。

◎ 折旧：SLN、DB、DDB、VDB、SYD、AMORDEGRC、AMORLINC

3.10.8　财务函数——折旧函数

◎ SLN 返回按年限平均法计提的折旧额。SLN（cost, salvage, life）

◎ DB 返回按固定余额递减法计提的折旧额。DB（cost, salvage, life, period,［month］）

◎ DDB 返回按固定倍数余额递减法计提的折旧额。DDB（cost, salvage, life, period,［factor］）

◎ VDB 返回按可变固定倍数余额递减法计提的折旧额。VDB（cost, salvage, life, start_period, end_period,［factor］,［no_switch］）

◎ SYD 返回按年数总和法计提的折旧额。SYD（cost, salvage, life, per）

◎ AMORDEGRC

◎ AMORLINC

参数：

cost – 原值。

salvage – 预计净残值。

life – 预计可使用期限（折旧期限）。

period – 要计算折旧额的期数，注意要与 life 的单位相同。

month – 第一年的折旧月份数，缺省值为 12。

factor – 余额递减速率（又称折旧因子），缺省值为 2（即为双倍余额递减法）。

start_period – 进行折旧计算的起始期数，注意要与 life 的单位相同。

end_period – 进行折旧计算的截止期数，注意要与 life 的单位相同。

no_switch – 给定的逻辑值，指定当折旧值大于余额递减计算值时，是否转用直线折旧法（TRUE 为不转，FALSE 为转，缺省值为 FALSE）。

per – 要计算折旧额的期数，注意要与 life 的单位相同。

（1）固定资产折旧的相关知识一。

◎ 时间范围：固定资产应当按月计提折旧，当月增加的固定资产，当月不计提折旧，从下月起计提折旧；当月减少的固定资产，当月仍计提折旧，从下月起不计提折旧。只要是已达到预定可使用状态的固定资产，无论是否交付使用，都应从下月起计提折旧。

◎ 折旧方法：企业应当根据固定资产的性质和消耗方式，合理地确定固定资产的预计使用年限和预计净残值，并根据科技发展、环境及其他因素，选择合理的固定资产折旧方法，按照管理权限，经股东大会或董事会，或经理（厂长）会议或类似机构批准，作为计提折旧的依据。固定资产折旧方法可以采用年限平均法、工作量法、年数总和法、双倍余额递减法等。折旧方法一经确定，不得随意变更。

（2）固定资产折旧的相关知识二。

直线法：

◎ 年限平均法

年折旧额 =（原价 – 预计净残值）÷ 预计使用年限

　　　　 = 原价 × 年折旧率

月折旧额 = 年折旧额/12

注意：年折旧率 = 年折旧额/原价；净残值率 = 预计净残值/原价。

◎ 工作量法

单位工作量折旧额 =（原价 – 净残值）/预计能提供的总工作量

某期间的折旧额 = 单位工作量折旧额 × 某期间的工作量

（3）固定资产折旧的相关知识三。

加速折旧法：

◎ 双倍余额递减法

年折旧额 = 期初固定资产净值 ×2/预计使用年限

注意：最后两年改为直线法（应用时可适当调整）；先不考虑净残值，改为直线法时再考虑净残值。

◎ 年数总和法

年折旧额 =（原价 – 预计净残值）× 年折旧率

年折旧率用递减分数来表示，将逐期年数相加作为递减分数的分母，将逐期年数倒转顺序分别作为各年递减分数的分子。比如使用年限为 4 年，则第 1、第 2、第 3、第 4 年的折旧率分别为 4/10、3/10、2/10、1/10。

3.10.9 财务人员常用 Excel 函数介绍

◎ Excel 函数的含义和格式

◎ Excel 函数的输入

◎ 常用 Excel 函数

◎ 函数运算常见错误及分析

➤ 函数运算常见错误及分析 – ####

■ 产生原因：函数返回的结果比所在单元格宽。

➤ 函数运算常见错误及分析 – #VALUE!

■ 产生原因一：函数的参数数据类型错误。通常是函数的参数需要输入或引用数值、逻辑值等，但是输入或者引用了其他类型数据。

■ 产生原因二：函数的参数超过了原有参数定义的数值范围限制。

■ 产生原因三：数组参数不符合原有参数定义的要求。

■ 产生原因四：其他的"值错误"。

➤ 函数运算常见错误及分析 – #UNM!

■ 产生原因一：函数的参数超过了原有参数定义的数值范围限制。

■ 产生原因二：使用了迭代计算的函数，而函数不能产生有效的结果。

■ 产生原因三：函数返回结果的数值太大或太小。

■ 产生原因四：其他的"数据错误"。

➤ 函数运算常见错误及分析 – #NAME?

■ 产生原因一：参数应为"numer"的输入或者引用了非数值文本。

■ 产生原因二：单元格区域的引用缺少冒号。

■ 产生原因三：其他错误。

➤ 函数运算常见错误及分析 – #DIV/O!

■ 产生原因：在函数中，除数使用了指向空单元格或包含零值单元格的单元格引用。

➤ 函数运算常见错误及分析 – #REF!

■ 产生原因：单元格引用无效。

➤ 函数运算常见错误及分析 – #NULL!

■ 产生原因：使用了不正确的区域运算符或不正确的单元格引用，为两个并不相交的区域指定交叉点。

➤ 函数运算常见错误及分析 – #N/A!

■ 产生原因：函数中没有可用的数值。

第4章　财务数据初始化

4.1　概览

BIEE：ERP Business Intelligence Enterprise Edition

某 ERP 在 2005 年底收购 Siebel，取其前端开发工具 Siebel Analytics 作为某 ERP BI 的新平台。区别原 Discoverer 起见，称为 Enterprise Edition，而原来的 Discoverer 就变成了 Standard Edition 了。二者各取部分结合，加个 xe，于是又有所谓的 Standards Edition One. 这就是 OBIEE、OBISE 和 OBISE ONE 的简单缘起。

2007 年某 ERP 公司收了 Hyperion，于是取 Hyperion BI 的部分组件，合并升级为现在的 OBIEE Plus。

BIEE 的数据模型分为三层：

➤ 物理层（physical），用于定义和连接各类异构数据源，如关系型数据库、符合 XML 规范的源数据、OLAP 服务、Essbase、Excel 等，具体定义数据源物理表结构、字段数据类型、主外键。可简单理解为"物理表定义"。值得一提的是，BIEE 只是保存定义，并没有存储数据本身。物理层通过"连接池""缓存查询结果"等技术来提高性能。

➤ 逻辑层（business model and mapping），基于物理层构建的 DW 多维数据模型如星型模型或雪花模型，以及定义逻辑模型与物理模型间的映射关系。需要定义事实表和维度表的主外键关系，可以定义维度表的层次和事实表的度量。这里是整个 BIEE 的设计核心，需要"整合"开发人员和业务人员两种视觉。一个逻辑层的表，可能来自多个物理层的表；一个逻辑层的字段，可以来自多个物理层的多个表。

➤ 展现层（presentation），该层隐藏掉任何技术术语和模型，去掉任何业务不关心的字段如 ID 列，以最终用户的视角和术语行描述。最常见的做法是面对不同的用户组——业务部门，来设计不同的展现层分析项。这样做的好处是，可以把报表开发交还给业务人员。展现模型中的一个 Catalog 对应某 ERP Answer 中的一个 Subject Area。

➤ 如图 4-1 所示为登录界面，输入相应用户名及密码即可成功登录 BI 系统。

登录系统后，如图 4-2 所示。

图 4-2 为 BI 系统主页，大致分两部分，菜单栏和最近打开的仪表盘。

图 4 – 1　登录界面

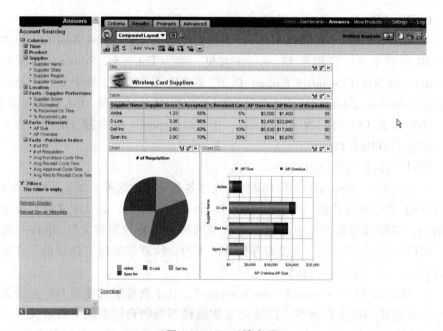

图 4 – 2　BI 系统主页

4.2　新建分析

当您登录 BI 系统首先在页面标题栏找到"新建"下拉菜单，在这个下拉菜单里是 BI 系统所有新建项目类型。最常用的报表、图像都隶属于仪表盘，仪表盘又是由分析＋仪表盘提示组合而成。

下面先了解一下分析，当你在新建菜单中点击分析后会有一个弹窗，在这里面有各种主题模型（主题模型好比一个数据仓库，里面有维表、事实表组成），现在我们以"用户培训"这个主题模型作为本教材的示例模型讲解。

第一步，新建→分析→用户培训。如图 4 – 3 所示。

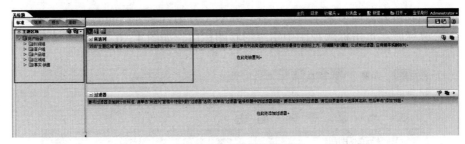

图 4 - 3　用户培训模型

第二步，依次双击时间维—年月、客户维—客户名称、产品维—产品名称、区域维—第四层区域、事实销售—本期实际销售数量，如图 4 - 4 所示。

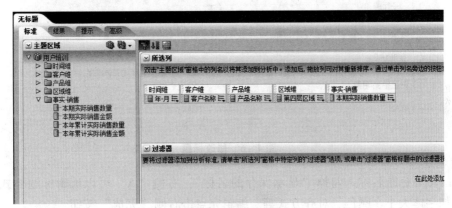

图 4 - 4　多维度信息

第三步，点击"结果"，查看结果数据，如图 4 - 5 所示。

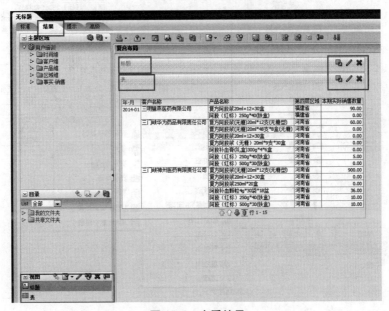

图 4 - 5　查看结果

右侧表格数据即为某个月某个客户在某个省销售某个产品的实际数量。

修改标题：点击标题视图中铅笔形状图标后，如图4-6所示。

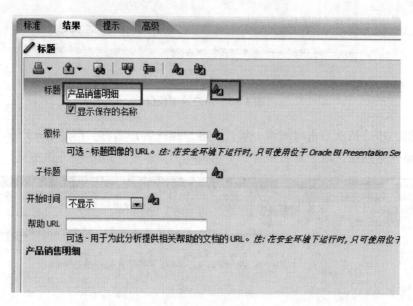

图4-6 修改标题

填写标题名称，勾掉"显示保存的名称"，右侧"A"可以编辑标题样式，比如字体大小、颜色、对齐方式等。编辑完点击右侧"完成"按钮。

新建柱状图如图4-7所示。

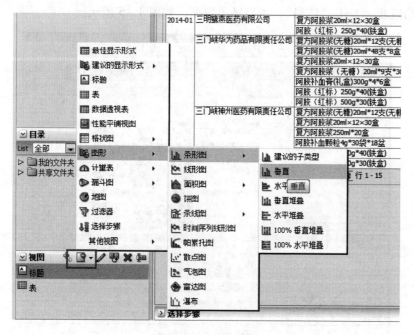

图4-7 新建柱状图

在视图栏新建中选择所要创建的图形。如图 4 - 8、图 4 - 9 所示。

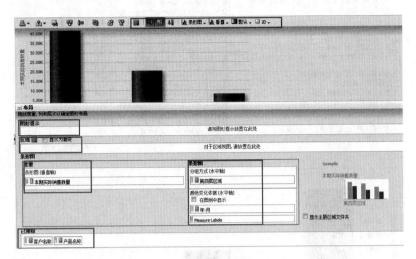

图 4 - 8　选择图形

条形图纵坐标为"本期实际销售数量"，横坐标为"第四层区域"。所以按图 4 - 8 将相应度量拖到相应位置，不需要的度量拖到"已排除项"。点击上方菜单栏"XYZ"编辑图样式。

最后点击"完成"。

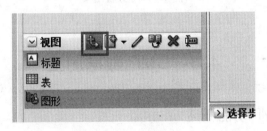

图 4 - 9　添加视图

如图 4 - 9 选中图形，再点击上方添加视图按钮。右侧标题、表、图形可上下左右排版。

最后点击右上角"保存"。选择相关保存路径，给分析起个名字后点击确定。到此一个简单分析新建完毕。

第四步，查看分析。如图 4 - 10 所示。

点击"目录"，选择保存的文件夹，右侧即为文件夹下保存的文件：产品销售明细。

文件下方可进行"打开""编辑""重命名""删除"等。点击"打开"即可查看建好的分析。

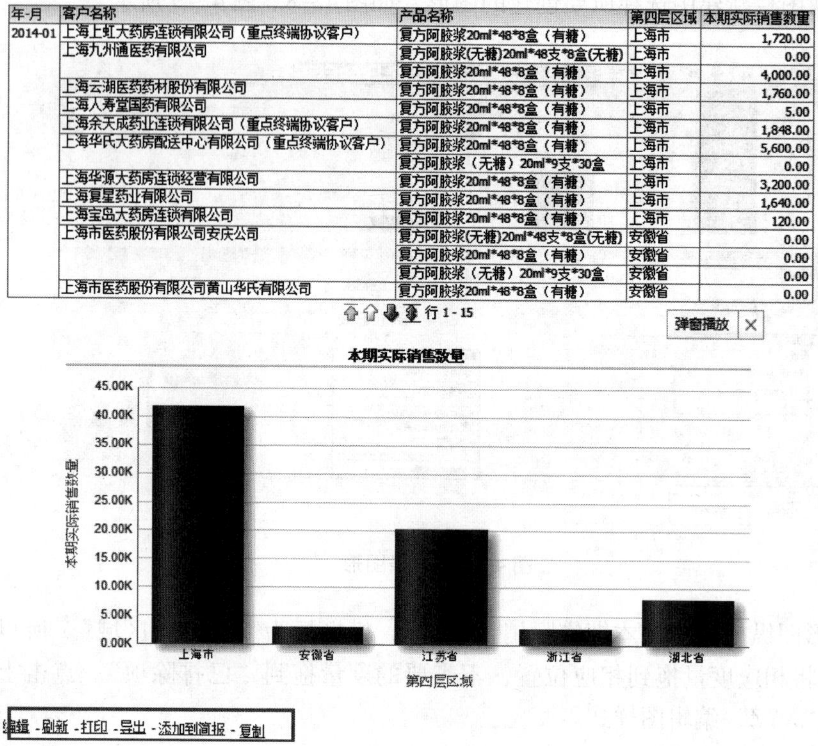

年-月	客户名称	产品名称	第四层区域	本期实际销售数量
2014-01	上海上虹大药房连锁有限公司（重点终端协议客户）	复方阿胶浆20ml*48*8盒（有糖）	上海市	1,720.00
	上海九州通医药有限公司	复方阿胶浆(无糖)20ml*48支*8盒(无糖)	上海市	0.00
	上海云湖医药药材股份有限公司	复方阿胶浆20ml*48*8盒（有糖）	上海市	4,000.00
	上海人寿国药有限公司	复方阿胶浆20ml*48*8盒（有糖）	上海市	1,760.00
	上海余天成药业连锁有限公司（重点终端协议客户）	复方阿胶浆20ml*48*8盒（有糖）	上海市	5.00
	上海华氏大药房配送中心有限公司（重点终端协议客户）	复方阿胶浆20ml*48*8盒（有糖）	上海市	1,848.00
		复方阿胶浆20ml*48*8盒（有糖）	上海市	5,600.00
		复方阿胶浆（无糖）20ml*9支*30盒	上海市	0.00
	上海华源大药房连锁经营有限公司	复方阿胶浆20ml*48*8盒（有糖）	上海市	3,200.00
	上海复星药业有限公司	复方阿胶浆20ml*48*8盒（有糖）	上海市	1,640.00
	上海宝岛大药房连锁有限公司	复方阿胶浆20ml*48*8盒（有糖）	上海市	120.00
	上海市医药股份有限公司安庆公司	复方阿胶浆(无糖)20ml*48支*8盒(无糖)	安徽省	0.00
		复方阿胶浆20ml*48*8盒（有糖）	安徽省	0.00
		复方阿胶浆（无糖）20ml*9支*30盒	安徽省	0.00
	上海市医药股份有限公司黄山华氏有限公司	复方阿胶浆20ml*48*8盒（有糖）	安徽省	0.00

⇧ ⬆ ⬇ 🔄 行 1 - 15

弹窗播放 ✕

编辑 - 刷新 - 打印 - 导出 - 添加到简报 - 复制

图 4 – 10　分析结果

4.3　DMP 数据加工

4.3.1　DMP 功能概述

数据管理平台（DMP）是一款专业面向数仓实施的智能、敏捷的数据全生命周期管理的应用平台，能够有效地解决企业面临的数据架构、数据标准、数据质量问题，可全方位满足用户对数据管理和数据服务应用时效性和准确性需求，在很大程度上能降低数据集成实施技术门槛，使复杂的工作简单化、重复的工作智能化。

模块简介：

数据源管理，以数据源为管理入口，建立企业数据资源目录。

数据质量，通过建立规则和方案，定期对数据的质量进行检查。

数据加工厂，预置数据仓库分层结构和模型，对数据、模型和 ETL 提供可视化的操作和管理。

聚数，提供上百种 ETL 组件，ETL 功能全面，能够满足多场景下的数据 ETL 需求。

　　运行监控，数据仓库一张图，全景展示数据仓库运行状态；提供数据资源快速检索功能，能够对数仓中的各类资源进行检索。

　　（1）系统管理——用户角色权限简介。

　　【系统管理】——【机构用户】：管理组织机构及用户。如图 4 - 11 所示。

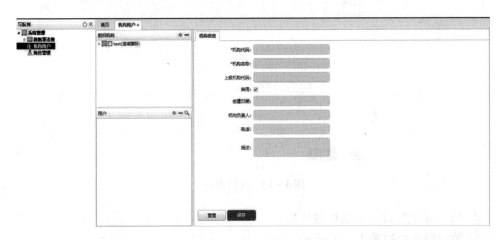

图 4 - 11　机构用户权限

　　【系统管理】——【角色管理】：角色管理是进行角色及权限设置的界面，用于维护角色基本信息，资源权限。如图 4 - 12 所示。

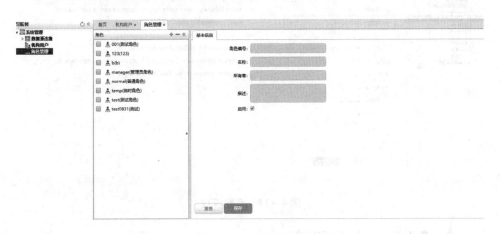

图 4 - 12　角色管理

　　角色管理说明：

　　资源权限：可配置的资源目录，包含系统首页、数据加工厂、数据源、系统管理、数据质量等模块。

　　查看：对相应资源的查看权限设置。

　　应用到：有两个选项，即【只有该目录】和【该目录及子目录】。如图 4 - 13 所示。

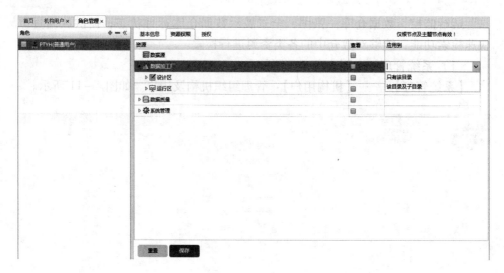

图 4 – 13　普通用户

（2）系统管理——数据源连接。

数据源连接如图 4 – 14 所示。

图 4 – 14　系统管理

（3）数据源——数据源管理。

数据源管理如图 4 –15 所示。

数据源管理：数据源管理同时提供代码表、实体表、存储过程的可视化管理，右键可添加代码表、实体表、存储过程的管理项。如图 4 – 16、图 4 – 17、图 4 –18 所示。

（4）数据源——实体表管理。

实体表管理：可查看实体表表结构、表数据、数据来源、涉及的 ETL 转换，也可查该实体表的血统分析、影响分析。如图 4 – 19 所示。

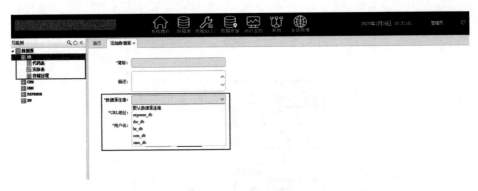

图 4 – 15　数据源管理

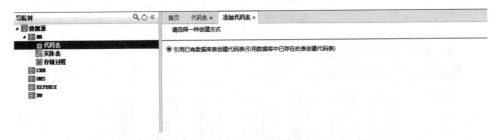

图 4 – 16　代码表

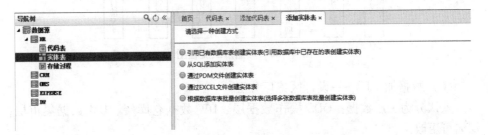

图 4 – 17　实体表

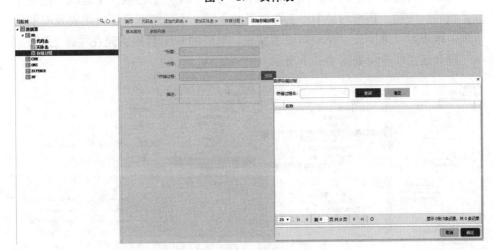

图 4 – 18　储存过程

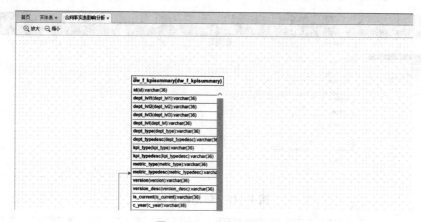

图 4 – 19　实体表管理

（5）数据加工厂操作流程。

数据加工厂操作流程如图 4 – 20 所示。

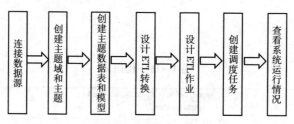

图 4 – 20　数据加工流程图

（6）数据加工厂——设计区工厂分层。

默认分为三层数据：ODS 操作数据层、DW 数据仓库层、DM 数据集市层，层名可更改。

每层均可建立对应的主题域，例如 ODS 层，HR 为主题域。主题域下建立主题，招聘、考勤、薪酬均是 HR 主题域下的主题。主题之下可进行维表及模型的管理，维表对应维度表，模型对应事实表，对应的 ETL 转换也建在主题之下。

设计区工厂分层如图 4 – 21 所示。

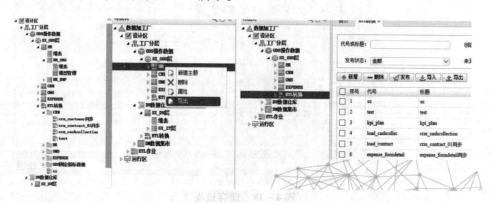

图 4 – 21　设计区工厂分层

（7）维表管理。

维表管理：维表，包含创建维度所基于的数据。维表存在于主题域和主题模块中，主要作用是定义主题域和主题中的维度表。创建维表方式提供三种：添加自定义维表、根据数据库表创建维表、通过 Excel 文件创建维表。维表列表界面提供维表的查询操作，可以根据维表简称和数据库表名进行维表查询。

维表管理如图 4－22 所示。

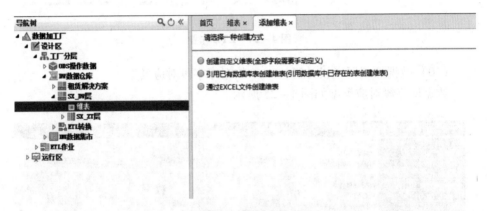

图 4－22　维表管理

（8）模型管理。

模型管理：模型就是指的表，包含表基本信息及表字段信息。【模型管理】提供模型的统一管理入口，通过此功能可以对模型进行新增、维护、删除、导出。

模型管理如图 4－23 所示。

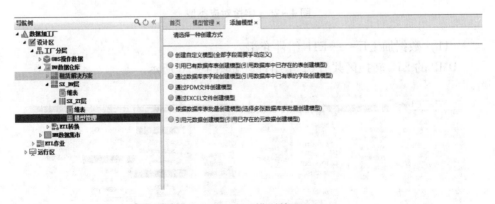

图 4－23　模型管理

（9）数据加工厂——设计区 ETL 作业。

基于 ETL 转换建立 ETL 作业，可将定义好的 ETL 作业发布到运行区，做成定时任务（调度），作业可导入导出（均为 xml 格式）。如图 4－24 所示。

图 4 – 24   ETL 作业

（10）数据加工厂（设计区）——数据库字段对应类型。

数据库字段对应类型如图 4 – 25 所示。

SQL SERVER数据类型	ORACLE数据类型	DMP显示类型	DMP创建字段至SQL SERVER时的存储类型	DMP创建字段至ORACLE时的存储类型
char(m)	CHAR	字符型	VARCHAR	VARCHAR2
varchar(m)	VARCHAR2			
nvarchar(m)	NVARCHAR2			
nvarchar(m)				
decimal(p,s)	NUMBER(P,S)	浮点型	NUMERIC	NUMBER
numeric(p,s)	FLOAT			
float	BINARY_FLOAT			
money	BINARY_DOUBLE			
int		整型	INT	INTEGER
smallint				
tinyint	INTEGER			
bigint				
bit				
date	DATE	日期型	DATE	DATE
datetime	TIMESTAMP			
smalldatetime				
image	BLOB	大字段型	TEXT	CLOB
text	CLOB			
	LONG			

图 4 – 25   字段对应类型

（11）数据加工厂——ETL 组件介绍。

DMP 的 ETL 转换区共有 52 个组件。如图 4 – 26 所示。

图 4 – 26   ELT 组件

（12）数据加工厂——ETL 转换。

DMP 转换，例如：txt 文档的数据抽取到 Excel 中，txt 文档中每一行数据加一个随机数，将其中一列的包含"单元"的字符串替换为"单位"，type_type 值为 1 的输出到 excel1 中，其余的输出到 Excel2 中。

用到如下组件，如图 4 - 27 ~ 图 4 - 33 所示。

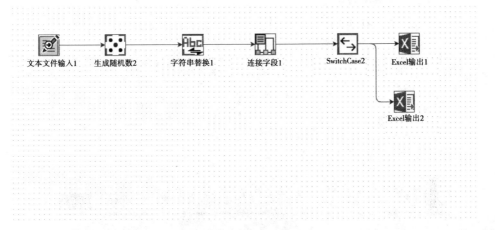

图 4 - 27　ELT 转换流程 1

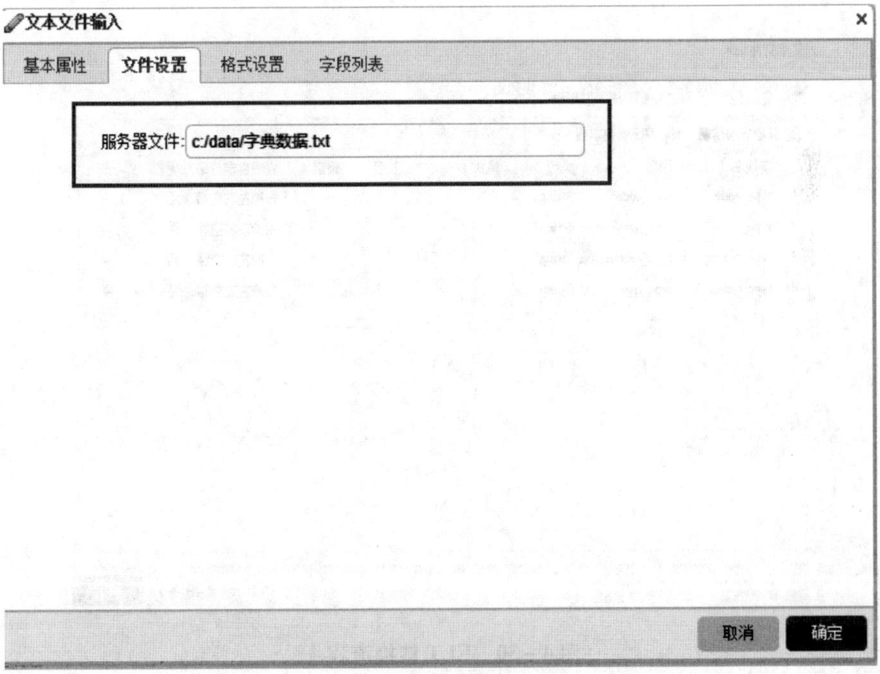

图 4 - 28　ELT 转换流程 2

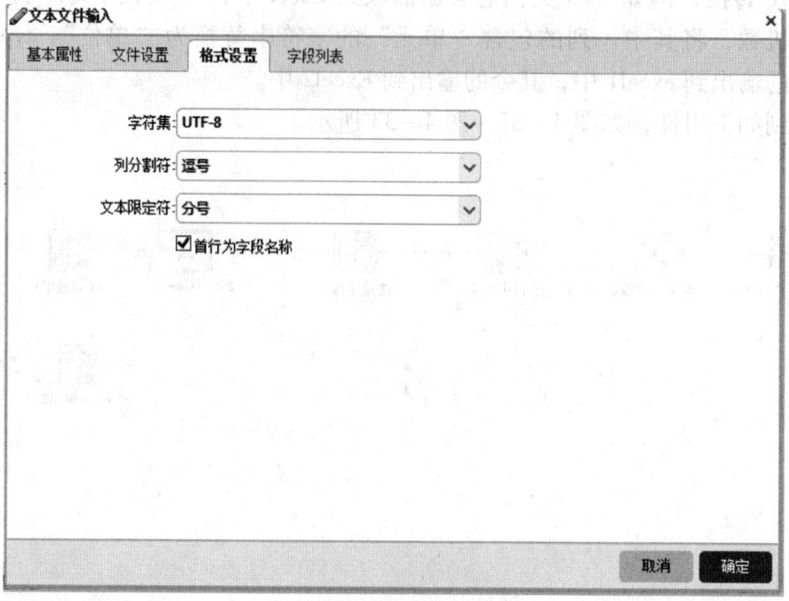

图 4-29 ELT 转换流程 3

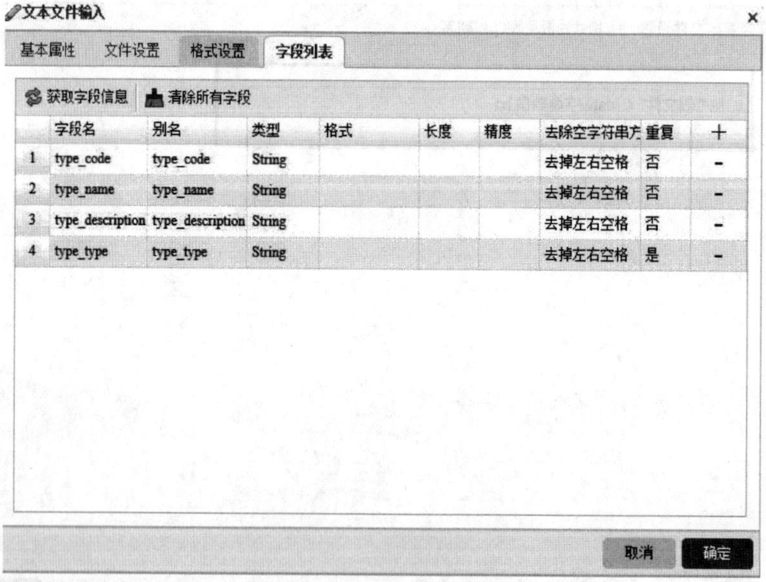

图 4-30 ELT 转换流程 4

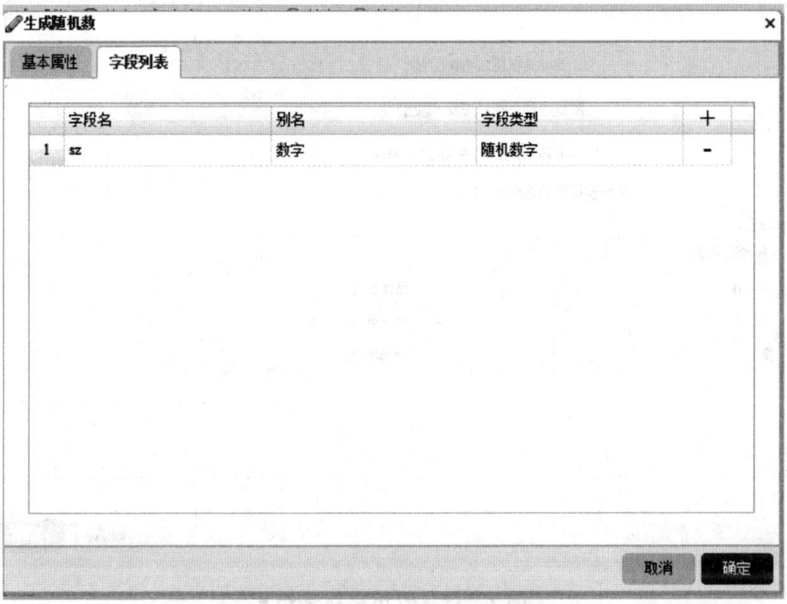

图 4－31　ELT 转换流程 5

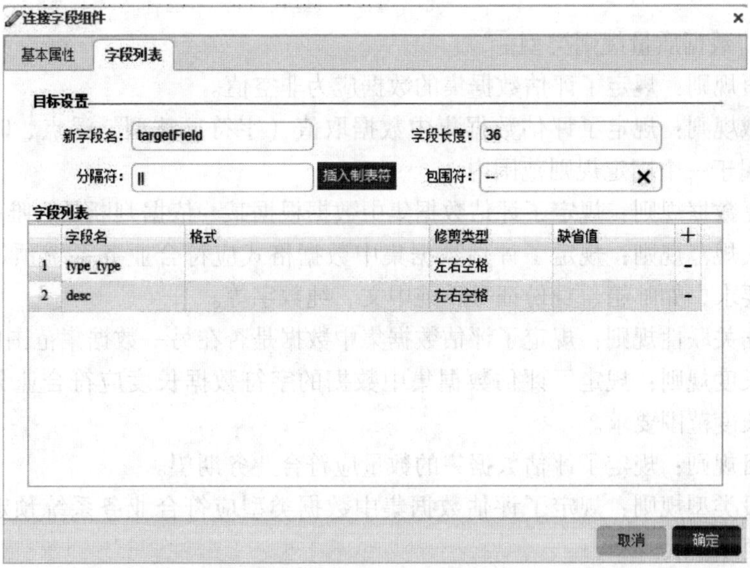

图 4－32　ELT 转换流程 6

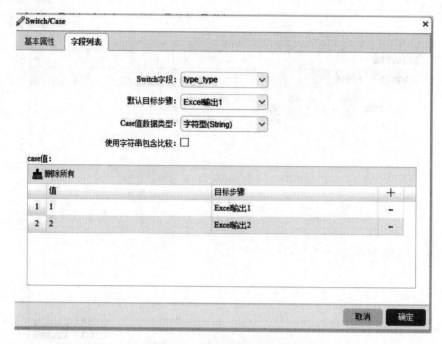

图 4 – 33　ELT 转换流程 7

4.3.2　数据质量管理

（1）数据质量规则类型。

空值规则：规定了评估数据集的数据应为非空值。

值域规则：规定了评估数据集中数据取值（字符、整型、浮点、时间类型数据）属于一个固定规则范围内。

重复数据规则：规定了评估数据集中数据根据某一依据判断是否唯一性。

格式规范规则：规定了评估数据集中数据格式应符合业务系统预定义的格式规范要求，如邮箱、身份证号、纯中文、纯数字等。

数据关联性规则：规定了评估数据集中数据是否在另一数据集范围内。

值长度规则：规定了评估数据集中数据的字符数据长度应符合业务系统预定义的长度范围要求。

数目规则：规定了评估数据集的数量应符合业务期望。

字段类型规则：规定了评估数据集中数据类型应符合业务系统预定义的字段类型要求。

主键规则：规定了评估数据集中数据是否有主键。

逻辑一致性规则：规定了某一表数据应与其他表数据的一个或多个数据满足一定的逻辑关系。

数据及时性规则：规定了数据产生和流转应达到管理和使用的时效性要求。

阈值规则：规定了评估数据集中数值、日期型的数据量纲应符合业务系统预定义的量纲要求（即最大值、最小值）。

（2）数据质量管理。

定义规则（空值规则）——新增方案（选择规则）——启用方案——查看检查结果（检查人员表中认证登记为空）。如图 4 - 34 所示。

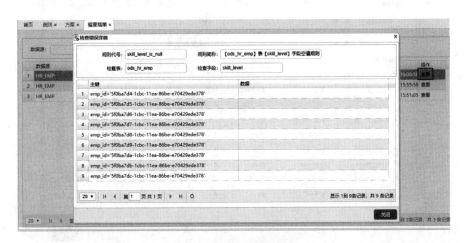

图 4 - 34　数据质量管理

4.3.3　ODS 数据层抽取

ODS 层数据基本上是业务数据的拷贝。定时抽取增量数据即可，增量数据获取（以组织机构表为例）。

通过 SQL 组件查出目的表更新时间的最大值 maxTime；过滤源表中大于 maxTime 的数据；将查询出的数据加载到 ODS 组织机构表中。

ETL 具体实现方式如图 4 - 35 ～ 图 4 - 39 所示。

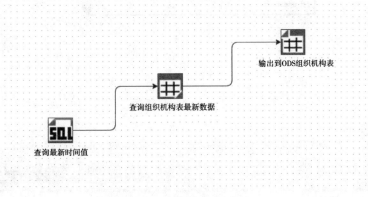

图 4 - 35　ODS 数据抽取流程 1

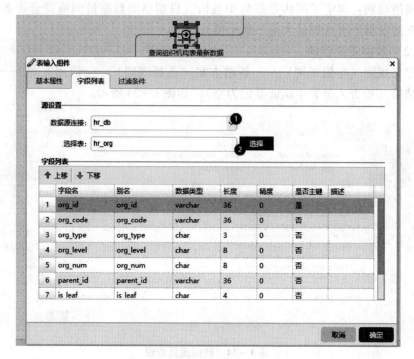

图 4 – 36 ODS 数据抽取流程 2

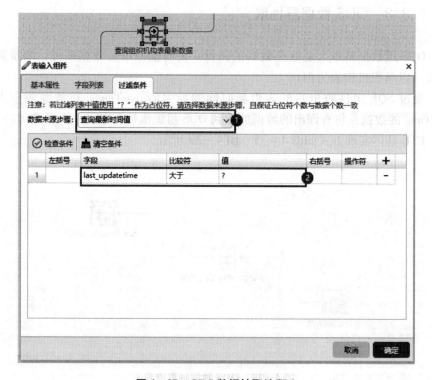

图 4 – 37 ODS 数据抽取流程 3

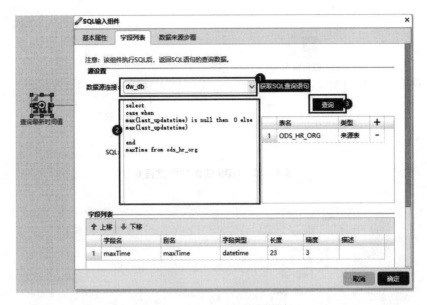

图 4 – 38 ODS 数据抽取流程 4

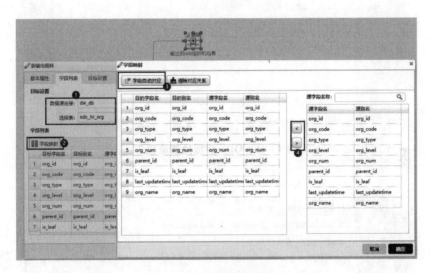

图 4 – 39 ODS 数据抽取流程 5

经营指标计划表数据导入 ODS 层，数据来源为 Excel。

经营计划表是固定指标数据，数量级少且固定，全量抽取即可。如图 4 – 40、图 4 – 41、图 4 – 42 所示。

组内练习：

任务 1：人员信息表抽取（增量数据抽取）。

任务 2：项目人员成本单价表数据导入（数据来源为 Excel）。

时间：15min。

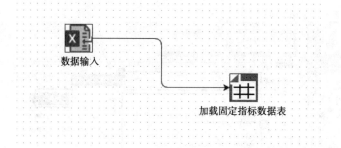

图 4 – 40　ODS 数据抽取流程 6

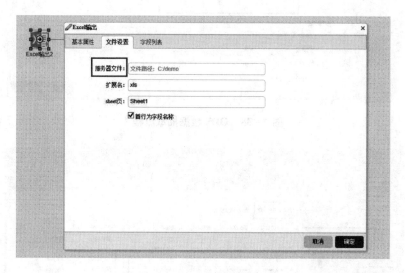

图 4 – 41　ODS 数据抽取流程 7

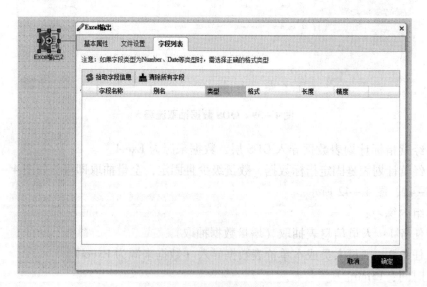

图 4 – 42　ODS 数据抽取流程 8

4.3.4　DW 层数据抽取

DMP 数仓，ODS 层到 DW 层事实表 ETL 设计：

（1）事务性事实表——签单事实表（dw_f_contract）。

事务性事实表：表里的每一行都代表了一个事件，如签单数据、回款数据、报销数据、报工数据。

周期快照：定期存储某种信息的状态，在一些场合中，表里边存储每一次交易的数据显得比较烦琐，可以使用快照表，例如库存记录，还有在建项目快照。

事务性事实表——签单事实表（dw_f_contract）。

签单事实表如图 4－43 所示。

签单表（ods_crm_contract）		
ID	ct_id	
签单客户	cust_id	FK
销售人员	emp_id	FK
所属MU	mu_id	FK
MU二级	mu_lvl2	FK
MU三级	mu_lvl3	FK
所属公司	bg_id	FK
所属BU	bu_id	FK
BU二级	bu_lvl2	FK
BU三级	bu_lvl3	FK
签单额	amount	
签单日期	contract_date	

→

签单事实表(dw_f_contract)	
签单ID	ct_id
客户ID	cust_key
客户名称	cust_name
是否渠道客户标识	is_channel
是否渠道客户描述	is_channeldesc
新客户签单标识	is_newcust
新客户签单描述	is_newcustdesc
MU_KEY	mu_org_key
MU ID	mu_id
MU名称	mu_name
MU二级ID	mu_lvl2id
MU二级名称	mu_lvl2name
MU三级ID	mu_lvl3id
MU三级名称	mu_lvl3name
BU_KEY	bu_org_key
BU ID	bu_id
BU名称	bu_name
BU二级ID	bu_lvl2id
BU二级名称	bu_lvl2name
BU三级ID	bu_lvl3id
BU三级名称	bu_lvl3name
签单日期	date_key
签单日历年	c_year
签单日历季	c_quarter
签单日历月	c_month
签单日历日	c_day
签单财年	f_year
签单财季	f_quarter
签单财月	f_month
签单财日	f_day
签单额	amount
净签单额	amount_net

图 4－43　签单事实表

ETL 设计思路：

获取增量更新数据。

获取各级部门 ID 及名称。

通过签单日期获取对应的日期信息。

新客户签单标识。

计算净签单额，净签单额＝签单额－采购额，采购额通过签单采购表获得，且一个签单可能对应多个采购，需要将对应的采购信息汇总。

ETL 具体实现如图 4 - 44 ~ 图 4 - 49 所示。

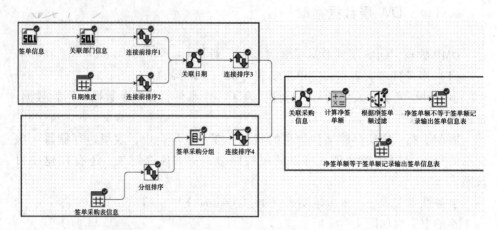

图 4 - 44　ELT 实现流程 1

select occ.*, ddo.id mu_org_key, ddo.org_lvl1name mu_name, ddo.org_lvl2name mu_lvl2name,
ddo.org_lvl3name mu_lvl3name, ddo1.id bu_org_key, ddo1.org_lvl1name bu_name, ddo1.org_lvl2name
bu_lvl2name, ddo1.org_lvl3name bu_lvl3name, ddc.is_channel, ddc.is_channeldesc,
case when occ.contract_date between ddc.newcust_begin and ddc.newcust_end then 'new' else 'old' end is_newcust
from (select * from ods_crm_contract where contract_date?) occ
left join (select * from dw_dim_org where org_type='3') ddo on occ.mu_lvl3=ddo.org_lvl3
left join (select * from dw_dim_org where org_type='4') ddo1 on occ.bu_lvl3=ddo1.org_lvl3
left join dw_dim_customer ddc on occ.cust_id=ddc.cust_id

图 4 - 45　ELT 实现流程 2

✎ 分组组件(建议根据制定的关键字先排好序)　　　　　　　　　　　　　　　×

基本属性　字段列表　目标设置

━ 删除　⬆ 上移　⬇ 下移　🔍 拾取

	聚合别名	字段名	字段描述	字段类型	值	分组字段	聚合方法
1	ct_id_new	ct_id		varchar		是	无
2	sum_amount	purch_amount		numeric		否	求和

取消　确定

图 4 - 46　ELT 实现流程 3

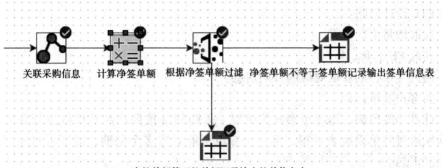

关联采购信息　计算净签单额　根据净签单额过滤　净签单额不等于签单额记录输出签单信息表

净签单额等于签单额记录输出签单信息表

图 4 - 47　ELT 实现流程 4

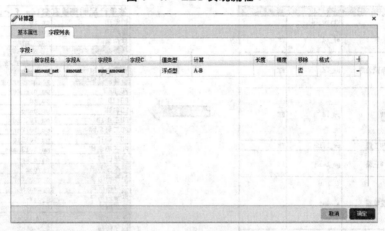

图 4 - 48　ELT 实现流程 5

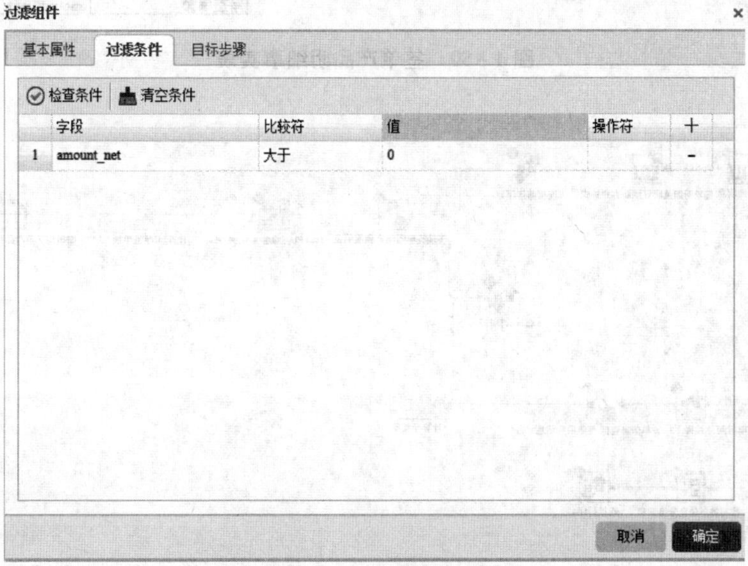

图 4 - 49　ELT 实现流程 6

（2）事务性事实表——签单产品明细事实表（dw_f_ctsub）。

ETL 设计思路：

获取增量更新数据。

获取 PU 名称。

通过签单日期获取对应的日期信息。

新客户签单标识。

计算净签单额，净签单额＝签单额－采购额（按照产品签单额进行分摊），采购额通过签单采购表获得，且一个签单可能对应多个采购，需要将对应的采购信息汇总。

ETL 具体实现如图 4－50～图 4－55 所示。

签单拆分表(ods_crm_ctsub)		
ID	ctsub_id	
签单ID	ct_id	FK
所属公司	bg_id	FK
PU	pu_id	FK
PU二级	pu_lvl2	FK
PU三级	pu_lvl3	FK
签单额	amount	
签单日期	contract_date	

签单产品明细事实表(dw_f_ctsub)	
签单ID	ct_id
客户ID	cust_key
客户名称	cust_name
是否渠道客户标识	is_channel
是否渠道客户描述	is_channeldesc
新客户签单标识	is_newcust
新客户签单描述	is_newcustdesc
PU_KEY	pu_org_key
PU ID	pu_id
PU名称	pu_name
PU二级ID	pu_lvl2id
PU二级名称	pu_lvl2name
PU三级ID	pu_lvl3id
PU三级名称	pu_lvl3name
签单日期	date_key
签单日历年	c_year
签单日历季	c_quarter
签单日历月	c_month
签单日历日	c_day
签单财年	f_year
签单财季	f_quarter
签单财月	f_month
签单财日	f_day
签单额	amount
产品签单额	amount_prd
净签单额	amount_net

图 4－50　签单产品明细事实表

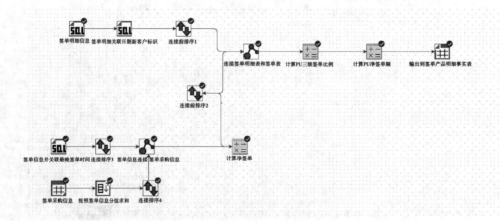

图 4－51　ETL 实现流程 1

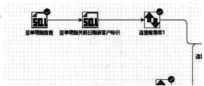

select A.*, B.date_id date_key, B.c_year, B.c_quarter, B.c_month, B.c_day, B.f_year, B.f_quarter, B.f_month, B.f_day,
D.cust_fullname, case when A.contract_date between D.newcust_begin and D.newcust_end then 'new' else 'old' end is_newcust
from (select * from ods_crm_ctsub where contract_date>?) A left join dw_dim_date B on A.contract_date=b.date_desc
left join ods_crm_contract C on A.ct_id=C.ct_id
left join dw_dim_customer D on C.cust_id=D.cust_id

图 4 – 52　ETL 实现流程 2

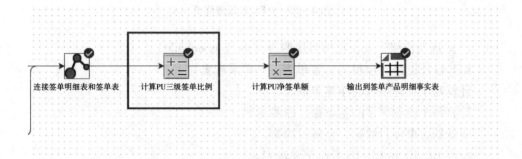

图 4 – 53　ETL 实现流程 3

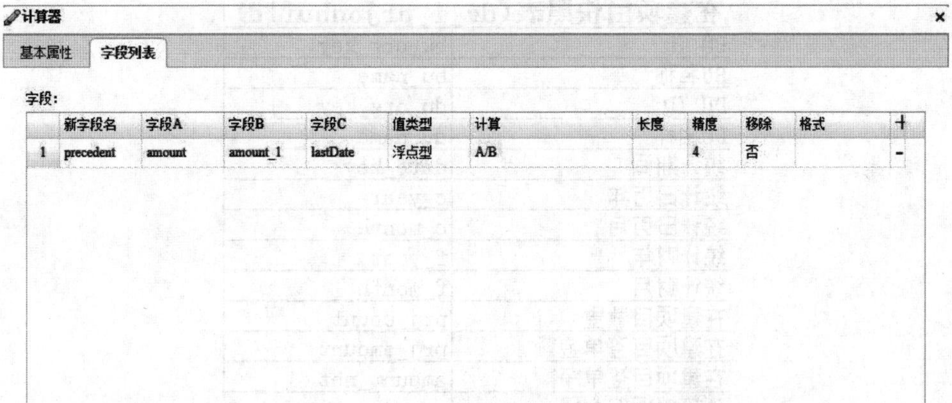

	新字段名	字段A	字段B	字段C	值类型	计算	长度	精度	移除	格式	+
1	precedent	amount	amount_1	lastDate	浮点型	A/B		4	否		-

图 4 – 54　ETL 实现流程 4

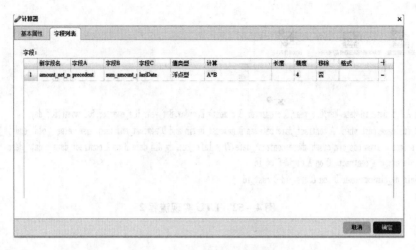

图 4 – 55 ETL 实现流程 5

（3）周期快照——在建项目快照表（dw_f_prjonbuild）。

ETL 设计思路（项目表、签单表、签单采购表）：

计算每个在建项目的净签单额。

计算每个验收项目的签单额、净签单额。

统计新签单项目数量、金额、净额。

按照 BU_ID 和 DU_ID 分组汇总项目。

关联日期维度，需要获取上个月的年月信息。

在建项目快照表如图 4 – 56 所示。

在建项目快照表（dw_f_prjonbuild）	
BU ID	bu_org_key
BU名称	bu_name
DU ID	du_org_key
DU名称	du_name
统计期间	date_key
统计日历年	c_year
统计日历月	c_month
统计财年	f_year
统计财月	f_month
在建项目数量	prj_count
在建项目签单金额	prj_amount
在建项目签单净额	amount_net
新签单项目数量	n_prj_count
新签单项目金额	n_prj_amount
新签单项目净额	n_amount_net
验收项目数量	f_prj_count
验收项目金额	f_prj_amount
验收项目净额	f_amount_net

图 4 – 56 在建项目快照表

ETL 具体实现如图 4 – 57 所示。

获取签单数量金额净额
区分在建项目和验收项目
排序组件3
按照BU_DU分组
排序组件4
排序组件1
按照BU_DU分组1
排序组件2
连接在建项目和验收项目
连接组件10
获取系统信息3
数据库查询2
加载在建项目快照表
新签单项目时间范围
新签单信息
新签单排序
新签项目分组
连接排序
在建新签验收连接

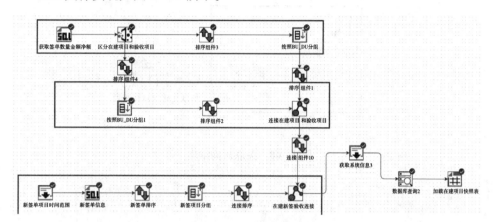

图 4 – 57　在建项目 ETL 实现流程

区分在建项目和验收项目，如图 4 – 58 所示。

获取签单数量金额净额
区分在建项目和验收项目
排序组件3
按照BU_DU分组
select A.*,D.org_name bu_name,E.org_name du_name,B.amount,c.cge,isnull(B.amount,0)-isnull(c.cge,0) amount_net from ods_oms_project A
left join ods_crm_contract B on A.ct_id=B.ct_id
left join (select ct_id,sum(purch_amount) cge from ods_crm_ctpurch group by ct_id) C on A.ct_id=C.ct_id
left join (select * from dw_dim_org where org_level='3') D on A.bu_id=D.org_lvl3
left join (select * from dw_dim_org where org_level='3') E on A.du_id=E.org_lvl3

图 4 – 58　在建项目和验收项目的区分

获取最新签单项目信息，如图 4 – 59 所示。

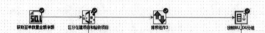

select A.*,D.org_name bu_name,E.org_name du_name,B.amount,c.cge,isnull(B.amount,0)-isnull(c.cge,0) amount_net,
F.contract_date from ods_oms_project A
left join ods_crm_contract B on A.ct_id=B.ct_id
left join (select ct_id,sum(purch_amount) cge from ods_crm_ctpurch group by ct_id) C on A.ct_id=C.ct_id
left join (select * from dw_dim_org where org_level='3') D on A.bu_id=D.org_lvl3
left join (select * from dw_dim_org where org_level='3') E on A.du_id=E.org_lvl3
left join (select * from ods_crm_contract where contract_date>=? and contract_date<=?) F on A.ct_id=F.ct_id
取消
确定

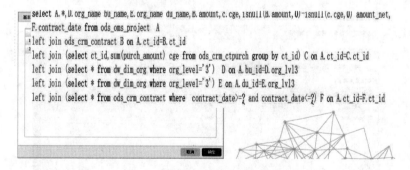

图 4 – 59　获取最新签单项目信息

关联时间维度如图 4 – 60、图 4 – 61、图 4 – 62 所示。

ETL 设计思路：

经营计划指标表生成部门各指标类型的计划值。

市场单元和业务单元签单额、净签单额数据来源于签单事实表，产品单元签单额、净签单额数据来源于签单产品明细事实表。

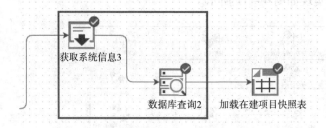

图 4 – 60   关联时间维度

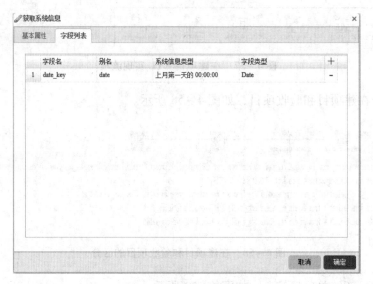

图 4 – 61   获取系统信息

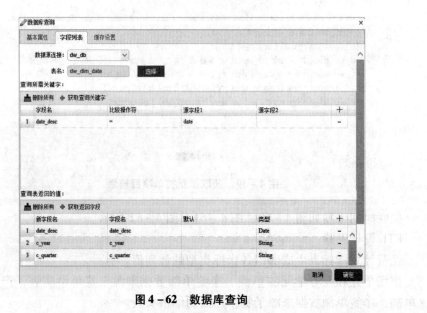

图 4 – 62   数据库查询

市场单元和业务单元回款额、销售收入、回款毛利、净回款数据来源于回款事实表，产品单元回款额、销售收入、回款毛利、净回款数据来源于签单产品明细事实表。

计划值获取、本期值获取、累计值获取。

指标月度汇总表如图 4 - 63 所示。

指标月度汇总表(dw_f_kpisummary)		
ID	id	
一级部门	dept_lvl1	
二级部门	dept_lvl2	
三级部门	dept_lvl3	
部门层级	dept_lvl	
部门类型	dept_type	3：市场单元 4：业务单元 5：产品单元
部门类型描述	dept_typedesc	
指标类型	kpi_type	1：签单额 2：净签单额 3：回款额 4：销售收入 5：回款毛利 6：净回款
指标类型描述	kpi_typedesc	
度量类型	metric_type	1.计划值 2.本期值 3.累计值
度量类型描述	metric_typedesc	
日历年	c_year	
日历季	c_quarter	
日历月	c_month	
财年	f_year	
财季	f_quarter	
财月	f_month	
指标值	kpi_value	
更新时间	update_time	

图 4 - 63 指标月度汇总表

ETL 具体实现如图 4 - 64 所示。

获取系统信息2　计算器1　字符串剪切1　指标计划表关联实际数据　生成主键　生成更新时间　加载指标月度汇总表

图 4 - 64 ETL 具体实现

指标月度汇总表：指标类型度量值生成。

计划值，如图 4 - 65 所示。

```
select A.*,A.kpi_planvalue kpi_value ,'1' metric_type,B.f_quarter,B.c_year,B.c_quarter,B.c_month from
(select * from ods_kpi_plan where dept_type='4' and kpi_type='1') A
left join dw_f_contract B on A.dept_lvl3=B.bu_lvl3id and A.f_year=B.f_year and A.f_month=B.f_month
```

图 4 - 65 计划值

当期值，如图 4 - 66 所示。

```
select A.*, B. amount kpi_value, '2' metric_type, B. f_quarter, B. c_year, B. c_quarter, B. c_month from
(select * from ods_kpi_plan where dept_type='4' and kpi_type='1') A left join
(select bu_id, bu_lvl2id, bu_lvl3id, c_year, c_quarter, c_month, f_year, f_quarter, f_month, sum(amount) amount
from dw_f_contract group by bu_id, bu_lvl2id, bu_lvl3id, c_year, c_quarter, c_month, f_year, f_quarter, f_month) B
on A. dept_lvl3=B. bu_lvl3id and A. f_year=B. f_year and A. f_month=B. f_month
```

图 4-66　当期值

累计值，如图 4-67 所示。

```
select A.*, B. sum_amount kpi_value, '3' metric_type, B. f_quarter, B. c_year, B. c_quarter, B. c_month from
(select * from ods_kpi_plan where dept_type='4' and kpi_type='1') A left join
(select bu_id, bu_lvl2id, bu_lvl3id, c_year, c_quarter, c_month, f_year, f_quarter, f_month, sum(amount) over(partition by bu_id, bu_lvl2id, bu_lvl3id, c_year order by c_month) as sum_amount  from(
select bu_id, bu_lvl2id, bu_lvl3id, c_year, c_quarter, c_month, f_year, f_quarter, f_month, sum(amount) amount
from dw_f_contract group by bu_id, bu_lvl2id, bu_lvl3id, c_year, c_quarter, c_month, f_year, f_quarter, f_month
having c_year='2019') A) B
on A. dept_lvl3=B. bu_lvl3id and A. f_year=B. f_year and A. f_month=B. f_month
```

图 4-67　累计值

组内练习：

任务 1：生成回款事实表（dw_f_cashcollection）

任务 2：生成在建项目快照表（dw_f_prjonbuild）

时间：45min。

4.3.5　DM 层数据抽取

（1）指标月度展开表。

当月实际值、当月计划值、累计实际值、累计计划值数据来源于 DW 指标月度汇总表当月计划完成率=当月实际值/当月计划值*100% 累计计划完成率=累计实际值/累计计划值。

同期当月值、同期累计值可通过指标月度表去年数据得到。

同期当月增长率、同期累计增长率可通过指标月度表去年数据计算得到。

指标月度展开表如图 4-68 所示。

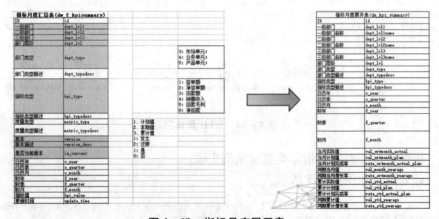

图 4-68　指标月度展开表

（2）项目损益表。

ETL 设计思路：

项目信息、BU、DU 信息来源于 ODS 项目信息表。

日期信息按照当前月结合日期维度表生成。

项目签单额、项目净签单额来源于 DW 层签单事实表。

累计回款毛利、累计销售收入、累计净回款来源于 DW 层回款事实表。

累计报销费用来源于 DW 层报销事实表。

累计结算费用来源于 DW 层报工事实表。

累计净利润 = 累计回款毛利 – 累计报销费用 – 累计结算费用

项目损益表如图 4 – 69 所示。

项目损益表（dm_prj_pl）	
项目ID	prj_id
项目名称	prj_name
BU ID	bu_id
BU名称	bu_name
DU ID	du_id
DU名称	du_name
签单ID	ct_id
统计日历年	c_year
统计日历月	c_month
统计财年	f_year
统计财月	f_month
累计净利润	net_profit_sum
累计回款毛利	gross_profit_sum
累计报销费用	amount_exp_sum
累计结算费用	amount_workhours_sum
累计销售收入	sales_revenue_sum
累计净回款	net_receipt_sum
项目签单额	amount
项目净签单额	amount_net

图 4 – 69　项目损益表

ETL 具体实现如图 4 – 70、图 4 – 71、图 4 – 72 所示。

图 4 – 70　ETL 具体实现（1）

组内练习：

任务 1：生成指标预警表（dm_kpi_alarm）

任务 2：生成项目损益表（dm_dept_pl）

时间：45min。

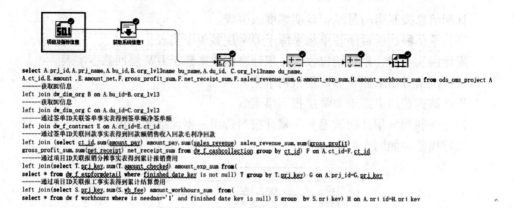

```
select A. prj_id, A. prj_name, A. bu_id, B. org_lvl3name bu_name, A. du_id, C. org_lvl3name du_name,
A. ct_id, E. amount , E. amount_net, F. gross_profit_sum, F. net_receipt_sum, F. sales_revenue_sum, G. amount_exp_sum, H. amount_workhours_sum from ods_oms_project A
------获取项目信息
left join dw_dim_org B on A. bu_id=B. org_lvl3
------获取BU信息
left join dw_dim_org C on A. du_id=C. org_lvl3
------通过签单ID关联签单事实表得到签单额净签单额
left join dw_f_contract E on A. ct_id=E. ct_id
------通过签单ID关联回款事实表得到回款额销售收入回款毛利净回款
left join (select ct_id, sum(amount_pay) amount_pay, sum(sales_revenue) sales_revenue_sum, sum(gross_profit)
gross_profit_sum, sum(net_receipt) net_receipt_sum from dw_f_cashcollection group by ct_id) F on A. ct_id=F. ct_id
------通过项目ID关联报销分摊事实表得到累计报销费用
left join (select T. prj_key, sum(T. amount_checked) amount_exp_sum from(
select * from dw_f_expformdetail where finished_date_key is not null) T group by T. prj_key) G on A. prj_id=G. prj_key
------通过项目ID关联报工事实表得到累计结算费用
left join (select S. prj_key, sum(S. wh_fee) amount_workhours_sum from(
select * from dw_f_workhours where is_needpay='1' and finished_date_key is null) S group by S. prj_key) H on A. prj_id=H. prj_key
```

图 4 – 71　ETL 具体实现（2）

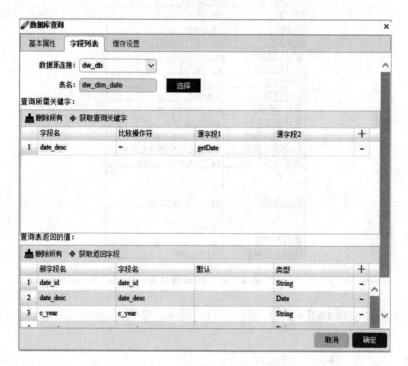

图 4 – 72　项目损益表数据库查询

4.3.6　ETL 作业发布与调度

ETL 作业：作业包含一个或多个转换和作业项，在 DMP 中，只有作业可以被发布为调度任务（定时任务）。

如定义作业每天凌晨 1：00 进行人员维度信息的增量抽取，任务成功或者失败都要发送成功邮件或者失败；邮件到指定的邮箱。

作业实现如图 4 – 73 所示。

作业组件详解，如图 4 – 74 所示。

图 4 -73　作业实现

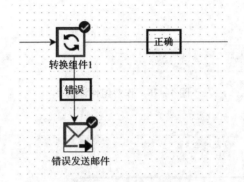

图 4 -74　作业组件详解

ETL 转换设置如图 4 -75 所示。

图 4 -75　ETL 转换设置

作业组件详解——邮箱设置如图 4 -76、图 4 -77、图 4 -78 所示。

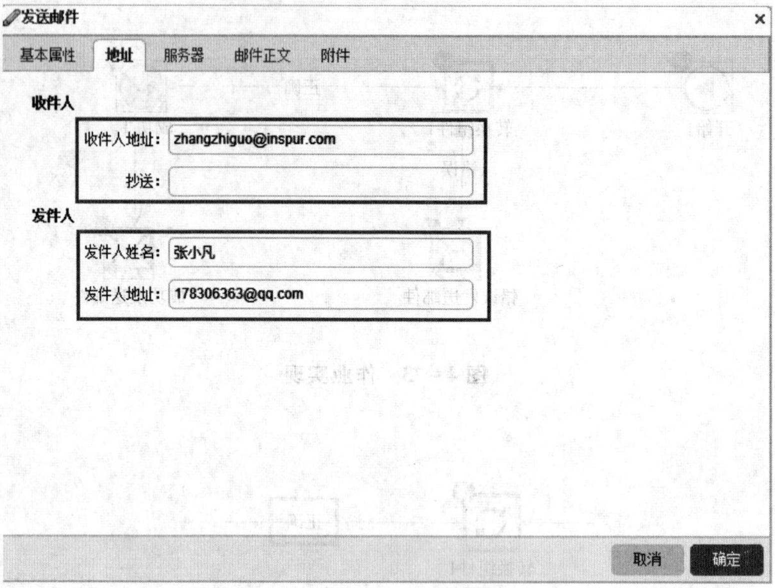

图 4 - 76　作业组件详解 1

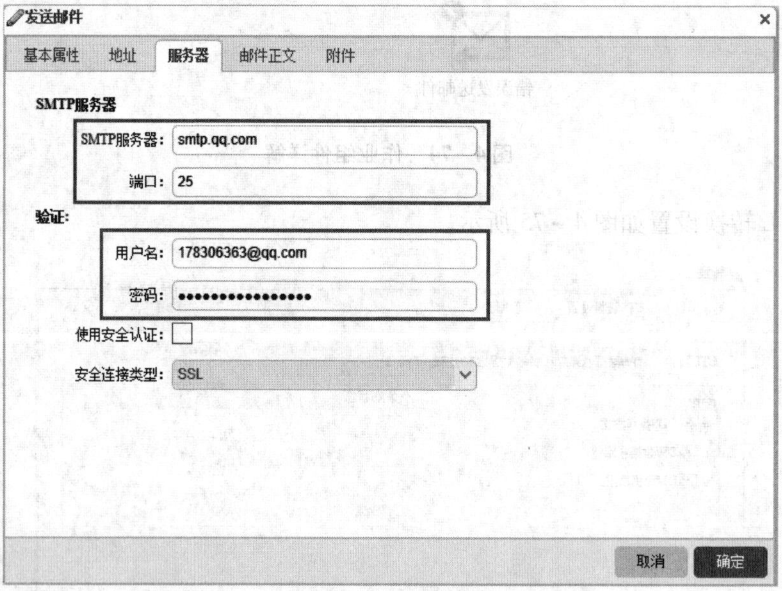

图 4 - 77　作业组件详解 2

ETL 作业发布到运行区如图 4 - 79 所示。

ETL 作业调度如图 4 - 80、图 4 - 81 所示。

启用：启用任务。

禁用：禁用任务。

编辑：禁用任务后才可进行编辑。

查看：查看定时任务信息。

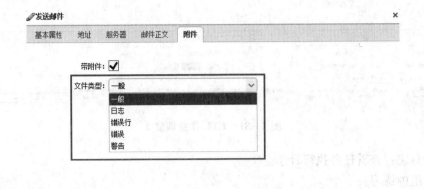

图 4 – 78　作业组件详解 3

图 4 – 79　ETL 作业运行区

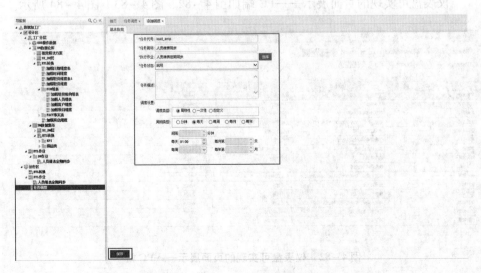

图 4 – 80　ETL 作业调度 1

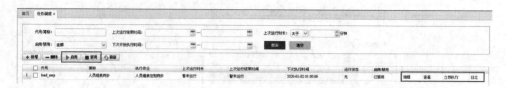

图 4-81 ETL 作业调度 2

日志：查看任务执行日志。

组内练习：

任务 1：发布 DW 层任务。

任务 2：发布 DM 层任务。

时间：15min。

4.4 新建仪表盘

4.4.1 初识仪表盘

仪表盘是 BI 在新 WEB 平台框架基础上开发的工具软件，利用该工具可以向导式地灵活定义饼图、柱形图、仪表盘、表格、echart 部件、进度图、富文本、参数等部件、可灵活组成的网页式界面，支持追溯联查。

它不仅能实现用户查询需求，为客户做可视化的利器，还提供各类数据模型的分析，形成各类分析主题看板，辅助企业决策。

（1）仪表盘可实现的页面展示——PC 端。

仪表盘可实现的页面展示——PC 端如图 4-82、图 4-83、图 4-84 所示。

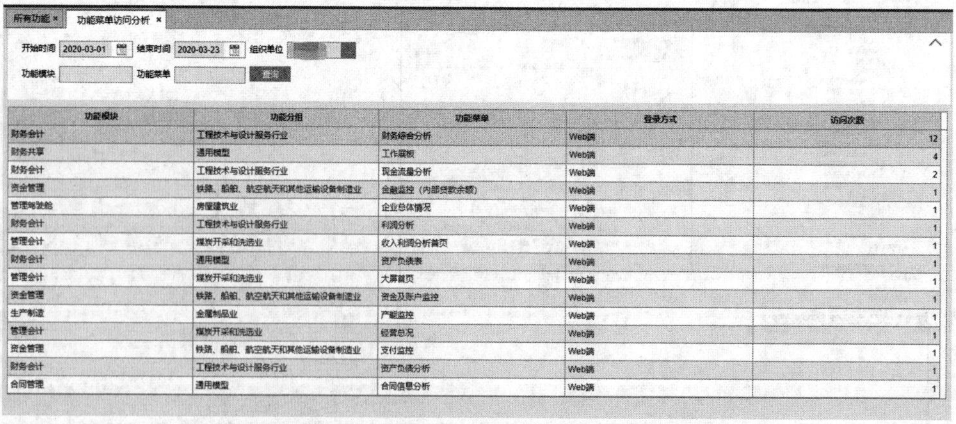

功能模块	功能分组	功能菜单	登录方式	访问次数
财务会计	工程技术与设计服务行业	财务综合分析	Web端	12
财务共享	通用模型	工作底稿	Web端	4
财务会计	工程技术与设计服务行业	现金流量分析	Web端	2
资金管理	铁路、船舶、航空航天和其他运输设备制造业	金融监控（内部贷款总额）	Web端	1
管理驾驶舱	房屋建筑业	企业总体情况	Web端	1
财务会计	工程技术与设计服务行业	利润分析	Web端	1
管理会计	煤炭开采和洗选业	收入利润分析首页	Web端	1
财务会计	通用模型	资产负债表	Web端	1
管理会计	煤炭开采和洗选业	大屏首页	Web端	1
资金管理	铁路、船舶、航空航天和其他运输设备制造业	资金及账户监控	Web端	1
生产制造	金属制品业	产能监控	Web端	1
管理会计	煤炭开采和洗选业	经营总况	Web端	1
资金管理	铁路、船舶、航空航天和其他运输设备制造业	支付监控	Web端	1
财务会计	工程技术与设计服务行业	资产负债分析	Web端	1
合同管理	通用模型	合同信息分析	Web端	1

图 4-82 仪表盘可实现的页面展示——PC 端

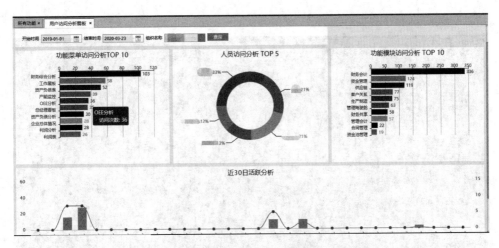

图 4 - 83　仪表盘可实现的页面展示——PC 端

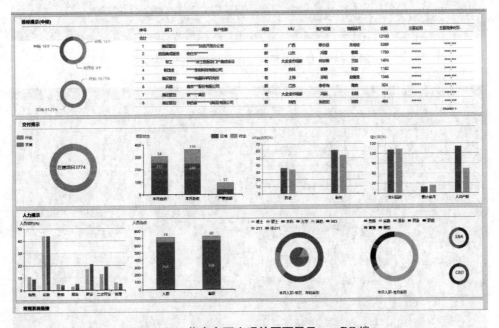

图 4 - 84　仪表盘可实现的页面展示——PC 端

（2）仪表盘可实现的页面展示——大屏端。

仪表盘可实现的页面展示——大屏端如图 4 - 85、图 4 - 86 所示。

（3）仪表盘定义的四步流程。

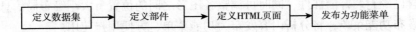

数据集定义，数据集对应某一个分析图形或图表的数据。

部件定义，对数据集进行封装，包括：图形部件、表格部件、参数部件等多种类型。

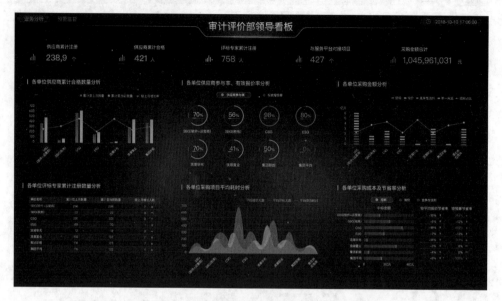

图4-85 仪表盘可实现的页面展示——大屏端

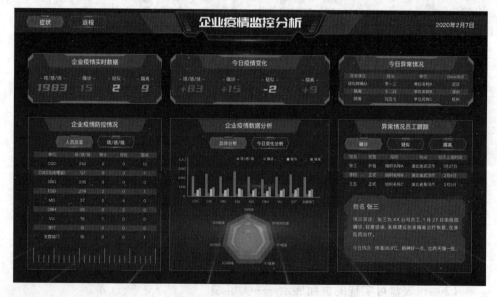

图4-86 企业疫情监控分析

页面定义,HTML页面,是分析展现的页面,是最终呈现的结果形态。页面中包含已经封装好的部件,同时可调整各图形之间的位置、大小等布局信息。

发布功能菜单,将分析内容发布为功能菜单,方便用户使用。

(4)仪表盘相关功能路径。

仪表盘相关功能路径如图4-87~图4-90所示。

图 4 – 87　数据集定义

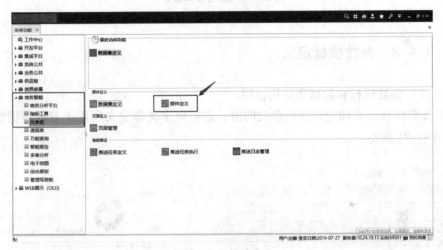

图 4 – 88　部件定义

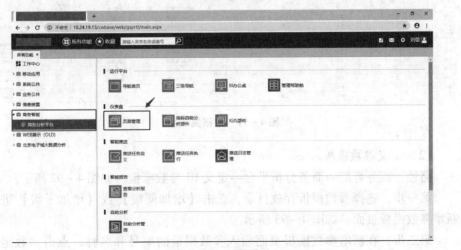

图 4 – 89　页面定义

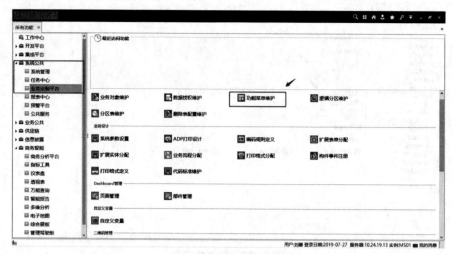

图 4 - 90　功能菜单维护

4.4.2　参数模板定义

（1）参数模板和数据集应用说明。

参数模板定义即定义所用参数的值；数据集定义即定义所用图表的数据值。如图 4 - 91 所示。

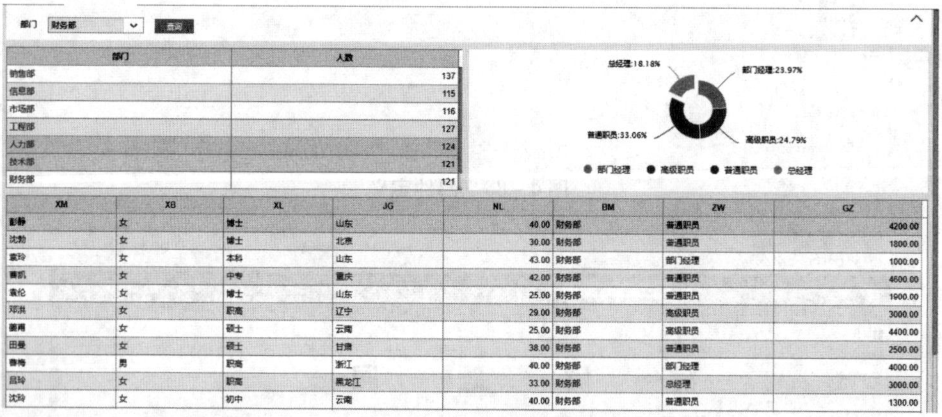

图 4 - 91　数据集应用

（2）定义参数模板。

路径：商务智能→商务分析平台→定义 BI 参数模板。如图 4 - 92 所示。

第一步，选择参数模板存放目录，点击【增加同级】或【增加子级】进入新增参数模板页面。如图 4 - 93 所示。

第二步，在新增参数模板页面输入参数模板的编号和名称，点击参数定义进行详细设置。如图 4 - 94 所示。

图 4-92 定义参数模板

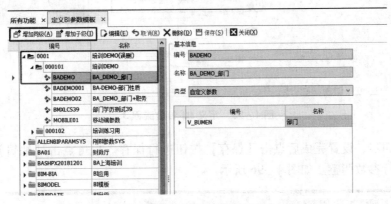

图 4-93 定义 BI 参数流程 1

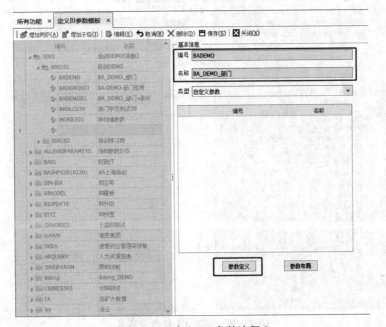

图 4-94 定义 BI 参数流程 2

第三步，设置参数名称、类型、取值和默认值等信息，五星标注为必填项。如图 4 - 95 所示。

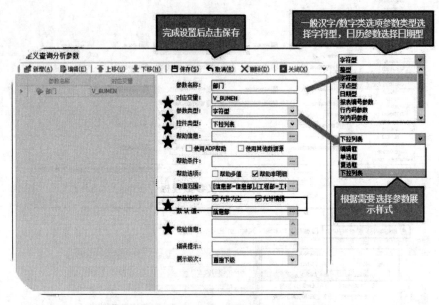

图 4 - 95　定义 BI 参数流程 3

第四步，设置完成后点击【保存】按钮进行保存。也可点击【编辑】按钮继续进行参数调整。如图 4 - 96 所示。

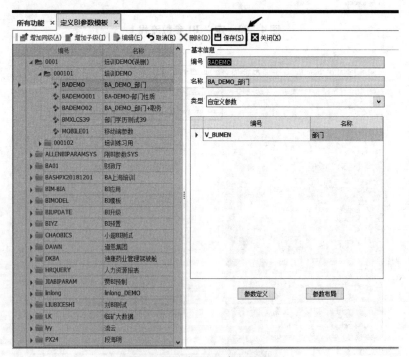

图 4 - 96　定义 BI 参数流程 4

练习一 (**5min**)

编号：个人编号 参数名　　　例：JS01BM

名称：个人编号_参数名　　　例：JS01_部门

参数名称：部门

对应变量：V_BUMEN　　　控件类型：下拉菜单

参数值：

信息部
工程部
财务部
销售部
人力部
客服部
技术部

默认值：信息部

练习二 (**5min**)

编号：个人编号 参数名　　　例：JS01NY

名称：个人编号_参数名　　　例：JS01_年月

参数名称：年　　对应变量：V_NIAN　　　控件类型：下拉列表

参数名称：月　　对应变量：V_YUE　　　控件类型：下拉列表

取值范围：年　　默认值：2020

2019
2020
2021

取值范围：月

01
02
……
12

4.4.3　数据集定义

数据集对应某一个分析图形或图表的数据，是数据的集合。任何一个图形或图表都是基于数据集进行的，因此，定义数据集是进行报表分析的第一步。

前期准备：

定义 BI 数据源，系统取数的部分在 BI 数据源管理中，定义取数的数据库，并保证可以测试通过。手工录入的部分提前建好统计报表。

操作步骤：

定义数据集：输入编号、名称。

选择参数模板。

选择数据集来源，包括：SQL、存储过程、统计报表等。

配置数据集：配置取数公式。

（1）统计报表取数。

第一步，输入数据集编号、名称、选择参数模板和数据集来源。统计报表取数数据集来源选择自定义构件。如图4－97所示。

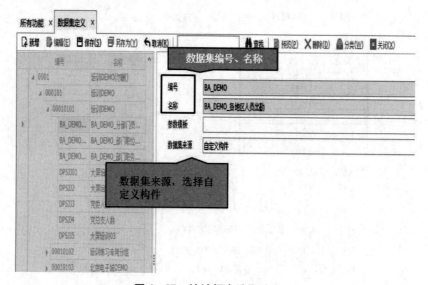

图4－97　统计报表读取流程1

第二步，配置统计报表取数逻辑。

（2）固定报表取数。

固定报表取数如图4－98所示。

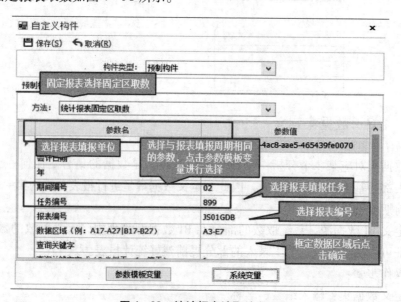

图4－98　统计报表读取流程2

（3）变动表取数。

变动表取数如图 4 - 99、图 4 - 100 所示。

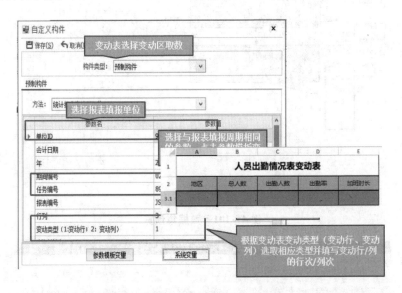

图 4 - 99　变动表取数流程 1

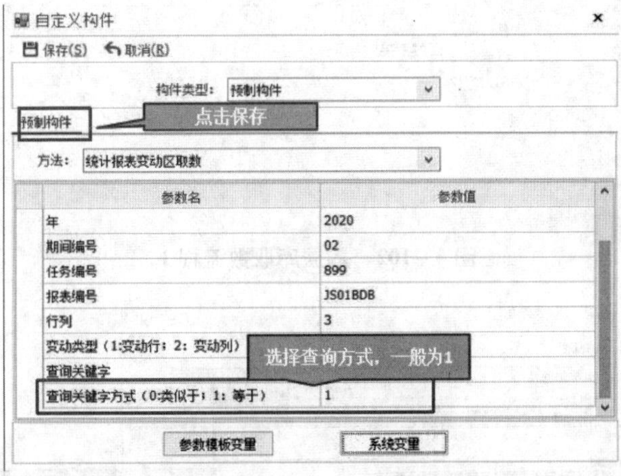

图 4 - 100　变动表取数流程 2

保存并预览界面，查看获取的数据并进行字段更名（如需）。如图 4 - 101 所示。

（4）数据库取数。

第一步，输入数据集编号、名称、选择参数模板和数据集来源。系统取数数据集来源一般为 SQL 或存储过程，此处以 SQL 取数为例进行讲解。如图 4 - 102 所示。

第二步，配置 SQL 取数的详细信息，点击保存。如图 4 - 103 所示。

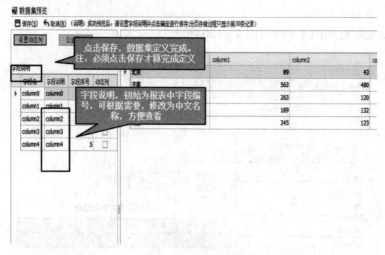

图 4 – 101　数据集预览

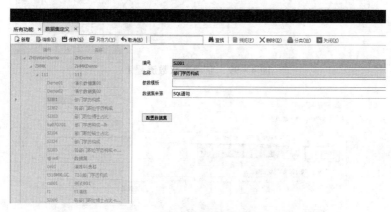

图 4 – 102　数据库取数流程 1

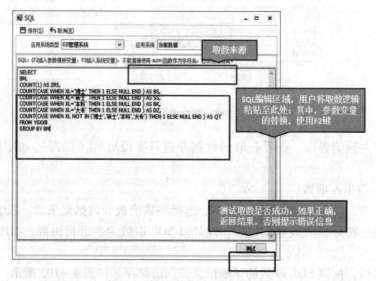

图 4 – 103　数据库取数流程 2

第三步，保存后自动弹出预览界面，查看 SQL 获取的数据并进行字段更名（如需）。如图 4－104 所示。

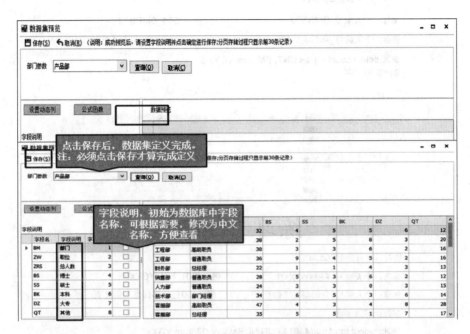

图 4－104　数据库取数流程 3

第四步，修改、预览数据集。如图 4－105 所示。

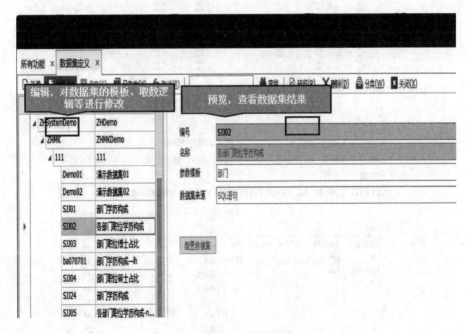

图 4－105　数据库取数流程 4

练习一 (5min)

练习一：无参数SQL取数

编号：个人编号_BMRSTJ   例：JS01_BMRSTJ

名称：个人编号_部门人数统计   例：JS01_部门人数统计

SQL:select count (*) as CNT, BM from YGXXB
group by BM

表样：

部门	人数
销售部	137
信息部	115
市场部	116
工程部	127
人力部	124
技术部	121
财务部	121
客服部	139

练习二 (5min)

练习二：有参数SQL取数

编号：个人编号_FBMYGXXB   例：JS01_FBMYGXXB

名称：个人编号_分部门员工信息表   例：JS01_分部门员工信息表

参数：部门参数

SQL: select top 15 XM,XB,XL,JG,NL,BM,ZW,GZ from YGXXB
where BM= '<!V_BUMEN!>'

练习三 (5min)

练习三：

编号：个人编号_JGFB   例：JS01_JGFB

名称：个人编号_籍贯分布   例：JS01_籍贯分布

无参数

SELECT TOP 10 JG, COUNT(1) FROM YGXXB GROUP BY JG

字段说明

字段名	字段说明	字段序号	动态列
▶ JG	籍贯	1	☐
Column1	人数	2	☐

JG	Column1
▶ 辽宁	63
湖南	35
浙江	32
黑龙江	42
陕西	38
安徽	41
湖北	46
贵州	39
福建	41
山西	41

练习四 (5min)

练习四：

编号：个人编号_BMZWGC

名称：个人编号_部门职位构成

参数:部门

例：JS01_JMZWGC

例：JS01_部门职位构成

```
SELECT
BM,
ZW,
COUNT(1) AS ZRS
FROM YGXXB
WHERE
BM='<!V_BUMEN!>'
GROUP BY BM,ZW
```

练习五 (5min)

练习五：

编号：个人编号_DPDT

名称：个人姓名_DP地图

无参数　要求：此数据集不要修改字段名称

select CS_CITY,CS_SUM,CS_CODE AS
CODE from DM_QYGK_CSFBB

4.4.4　部件定义

对数据集进行封装，包括图形部件、表格部件、参数部件三种类型。其中，前两种类型的部件，依赖于数据集，是对数据集中结果信息的图形化展示。

操作步骤：

定义部件——编号、名称。

选择数据集。

选择部件类型：图形部件或表格部件，如果是参数部件，不需要设置数据集。配置部件，定义图形样式、标题等。

联查配置：图形部件、表格部件可以设置联查，联查到其他部件或新的页面；参数部件，设置联查，包含其他图形部件、表格部件。

（1）定义参数部件。

第一步，新增参数部件并填写基础信息。如图 4 – 106 所示。

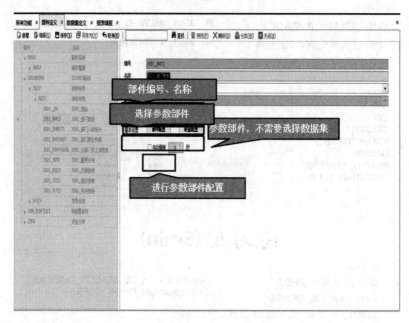

图 4 – 106　定义参数部件 1

第二步，进行参数部件设置，可对参数布局设置，调整参数排版和颜色等。如图 4 – 107 所示。

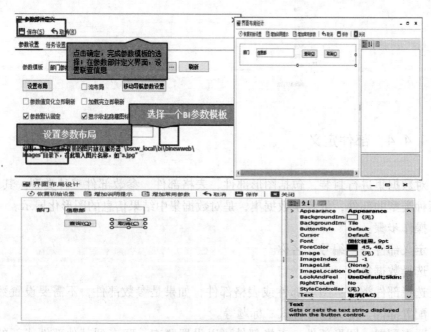

图 4 – 107　定义参数部件 2

练习(5min)

编号：个人编号_BMCS　　　　　例：JS01_BMCS

名称：个人编号_部门参数　　　　例：JS01_部门参数

参数模板：部门参数

示例：

▦ 部件预览

✖ 关闭(X)　（说明：预览不支持缩放功能、表格表头参数和部件提示信息功能）

部门　信息部　　　　　　▼　　查询

信息部
工程部
财务部
销售部
人力部
客服部
技术部

（2）定义图像部件。

定义图像部件如图 4 - 108、图 4 - 109 所示。

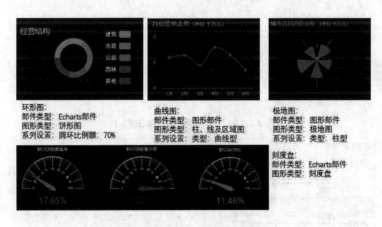

图 4 - 108　定义图像部件 1

第一步，新增图形部件并填写基础信息。如图 4 - 110 所示。

第二步，选择图表类型和展示数据。如图 4 - 111 所示。

第三步，对图形的大小、标题、图例、XY 轴等进行设置。如图 4 - 112 所示。

第四步，设置图形各系列值具体参数并进行保存。如图 4 - 113 所示。

多级饼图:
部件类型: 图形部件
图形类型: 多级饼图

表格:
部件类型: 表格部件
设置方式: 格式函数

柱线结合图:
部件类型: Echart部件/图形部件
图形类型: 柱线及区域图

图 4 – 109　定义图像部件 2

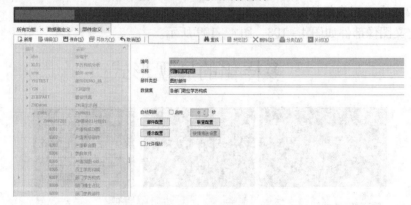

图 4 – 110　定义图像部件流程 1

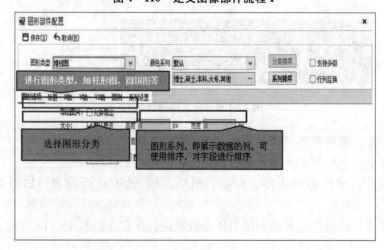

图 4 – 111　定义图像部件流程 2

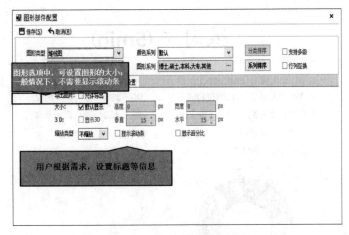

图 4 – 112 定义图像部件流程 3

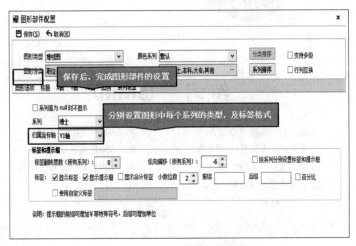

图 4 – 113 定义图像部件流程 4

练习一 (5min)

练习一:

编号: 个人编号_CQQKFX   例: JS01_CQQKFX

名称: 个人编号_出勤情况分析   例: JS01_出勤情况分析

数据集: 个人编号_变动表   例: JS01_变动表

图表类型: 柱、线及区域图

要求: 出勤率为折线, 其他为柱形

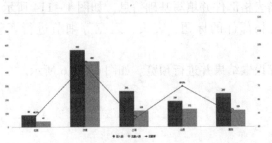

练习二 (5min)

练习二：

编号：个人编号_BMZWGC   例：JS01_BMZWGC

名称：个人编号_部门职位构成   例：JS01_部门职位构成

数据集：个人编号_部门职位构成   例：JS01_部门职位构成

图表类型：饼形图

要求：圆环比例50%

练习三 (5min)

练习三：

编号：个人编号_JGFB   例：JS01_JGFB

名称：个人编号_籍贯分布   例：JS01_籍贯分布

数据集：个人编号_籍贯分布   例：JS01_籍贯分布

图表类型：极地图

要求：蛛网型

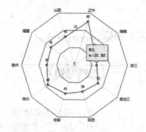

（3）定义表格部件。

第一步，新增表格部件并填写基础信息。如图4－114所示。

第二步，对表格部件的标题、表头、列宽等细节进行调整。如图4－115所示。

第三步，保存设置结果并进行预览。如图4－116所示。

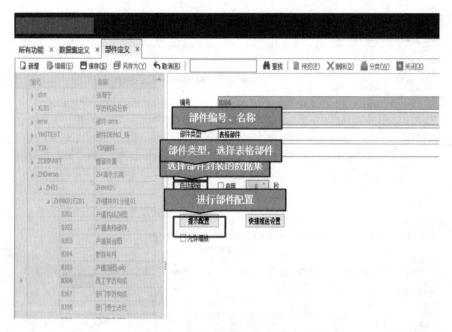

图 4 – 114　定义表格部件流程 1

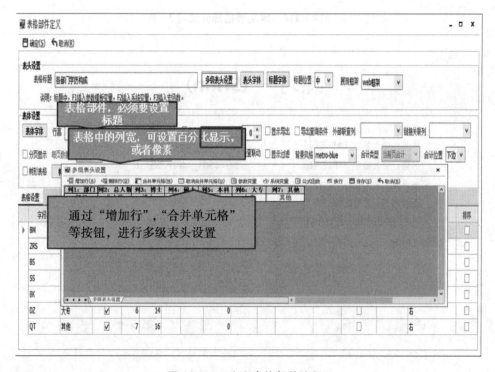

图 4 – 115　定义表格部件流程 2

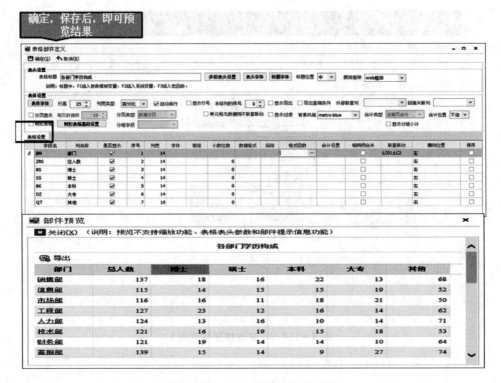

图4-116   定义表格部件流程3

练习一(5min)

练习一:

编号: 个人编号_BMRSTJ   例: JS01_BMRSTJ

名称: 个人编号_部门人数统计   例: JS01_部门人数统计

数据集: 个人编号_部门人数统计   例: JS01_部门人数统计

图表类型: 表格部件

要求: 部门在前, 人数在后

部门	人数
销售部	137
信息部	115
市场部	116
工程部	127
人力部	124
财务部	121
技术部	121
客服部	139

练习二(5min)

练习二：

编号：个人编号_**FBMYGXXB**　　　　编号：JS01_**FBMYGXXB**

名称：个人编号_**分部门员工信息表**　　名称：JS01_**分部门员工信息表**

数据集：个人编号_分部门员工信息表　　数据集：JS01_分部门员工信息表

图表类型：表格部件

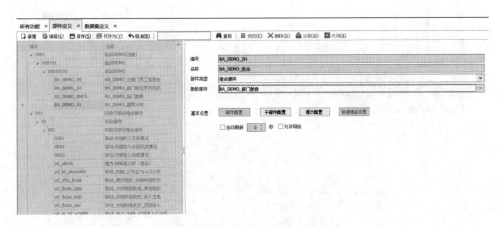

（4）定义组合部件。

第一步，新增组合部件并填写基础信息。点击子部件配置进入配置页面。如图 4 – 117 所示。

图 4 – 117　定义组合部件流程 1

第二步，配置子部件。如图 4 – 118 所示。

第三步，完成子部件配置，保存并预览。如图 4 – 119 ~ 图 4 – 122 所示。

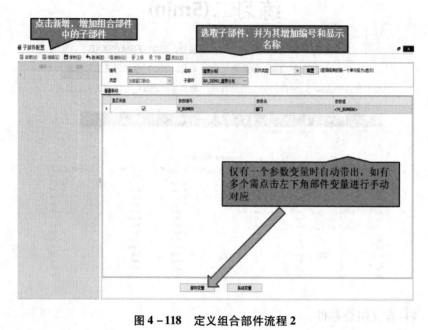

图 4 – 118　定义组合部件流程 2

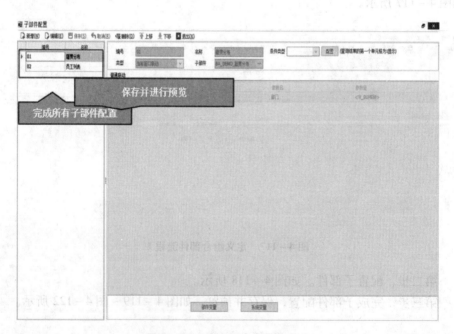

图 4 – 119　定义组合部件流程 3

图 4 – 120　定义组合部件流程 4

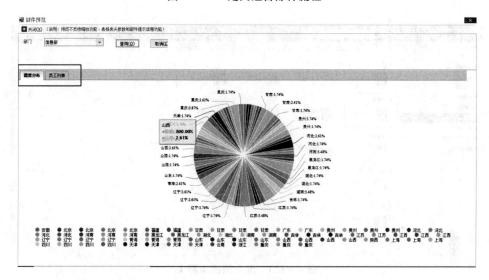

图 4 – 121　定义组合部件流程 5

![图片]

图 4 – 122　定义组合部件流程 6

4.5　页面定义

　　将部件组成一个页面，并发布为菜单后在浏览器使用。HTML 页面，是分析展现的页面，是最终呈现的结果形态。页面中包含已经封装好的部件，同时可调整各图形之间的位置、大小等布局信息。

　　用户可通过门户配置形成新的 HTML 页面。功能位置：商务智能→商务分析平台→仪表盘。

　　页面定义具体如图 4 – 123 ~ 图 4 – 128 所示。

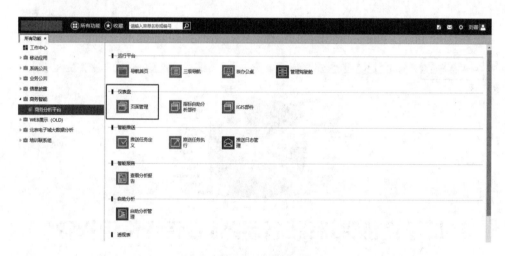

图 4 – 123　定义页面流程 1

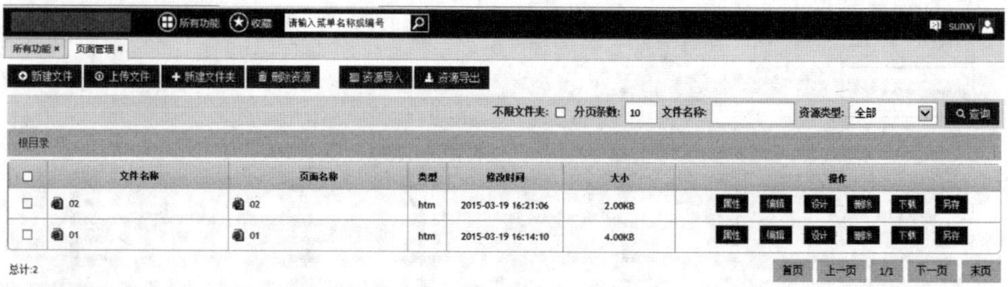

图 4 – 124　定义页面流程 2

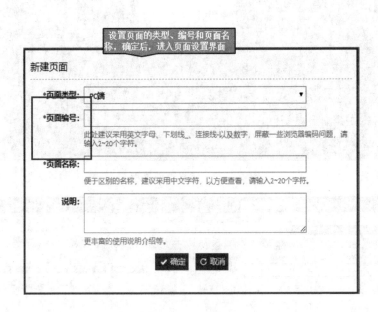

图 4 – 125　定义页面流程 3

图 4 – 126　定义页面流程 4

图 4 – 127   定义页面流程 5

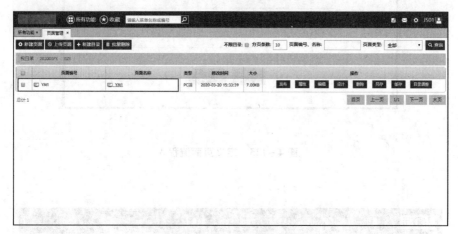

图 4 – 128   定义页面流程 6

练习一 (5min)

练习一：

编号：个人编号_LXYM1

名称：个人编号_练习页面1

内容：部门参数+部门人数统计+分部门员工信息表+部门职位构成

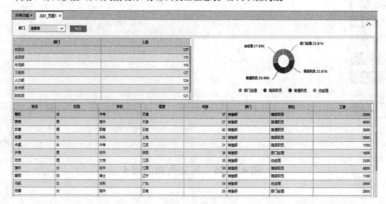

练习二 (5min)

练习二：

编号：个人编号_LXYM2

名称：个人编号_练习页面2

内容：年月参数+出勤分析

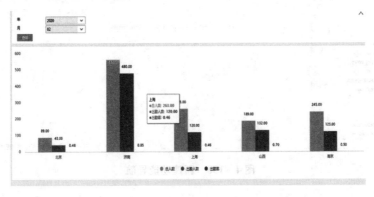

4.6　发布功能菜单

将报表分析页面发布功能菜单，方便用户使用。

功能位置：系统公共→业务制定平台→功能菜单维护。

操作步骤：进入该功能后，显示如图 4 - 129 所示。

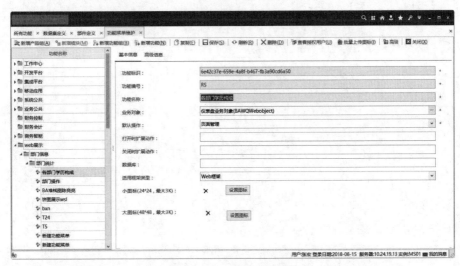

图 4 - 129　发布功能菜单

新建功能导航页：

在新建菜单时，业务对象用户自定义，用来控制菜单权限。高级信息中，设置调用的 HTML 页面，如图 4 - 130 所示。

图 4 – 130　新建功能导航

第5章 财务数据分析引擎与展示

5.1 过滤器

第一步，编辑分析，如图5-1所示。

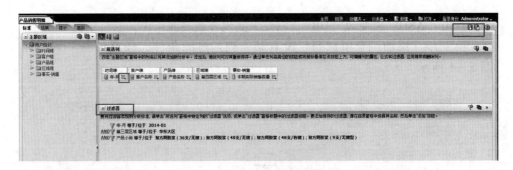

图5-1 产品销售明细编辑

编辑年月，选择过滤器弹出新建过滤器对话框如图5-2所示。

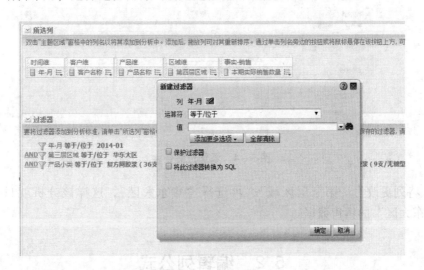

图5-2 年月编辑

如果运算符选择"提示"，则该分析年月受仪表盘提示的年月限制。如果选择固定一个日期再选中"保护过滤器"则该分析只显示这一个月份的数据。

第二步，设置过滤条件"并""或"。如图 5-3 所示。

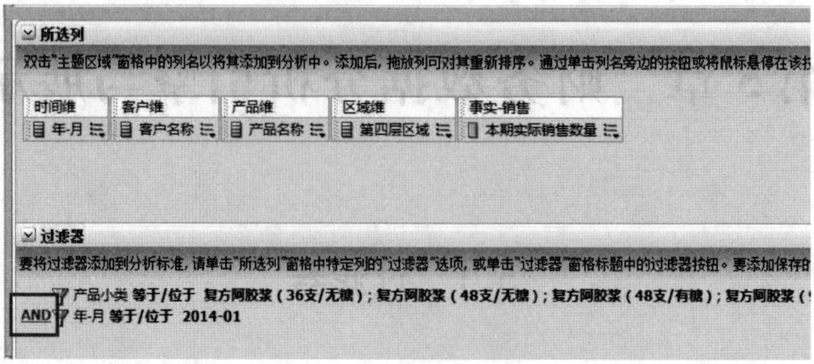

图 5-3 设置过滤条件

点击"AND"就变成"OR"，以此来实现并或过滤条件。

第三步，添加一个所选列栏没有某一列的过滤条件。任意编辑一列，如图 5-4 所示。

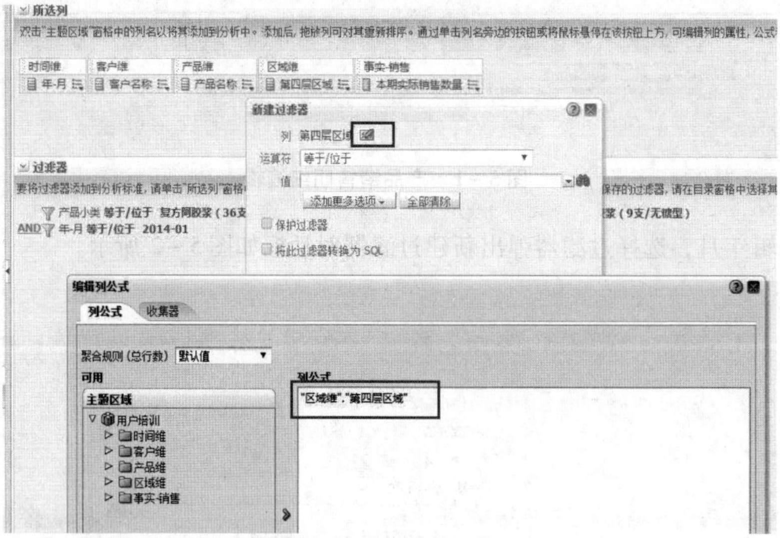

图 5-4 添加过滤条件

将列更改为"第三层区域"，再选择"华东大区"，这样该分析就只显示"华东大区"的销售数据。

5.2 编辑列公式

如图 5-5 所示将"本期实际销售金额"转换成万元，列→编辑公式→修改公式→确定→保存。

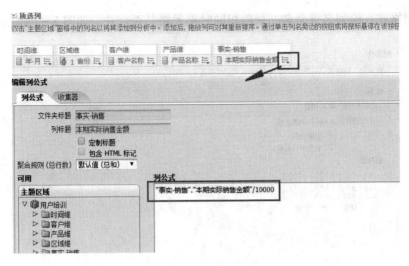

图 5 - 5　编辑列公式

5.2.1　列属性

第一步，"本期实际销售数量"→列属性，弹出列属性对话框。

样式：可以编辑该列的显示字体，单元格内文字对齐方式，单元格边框等。如图 5 -6 所示。

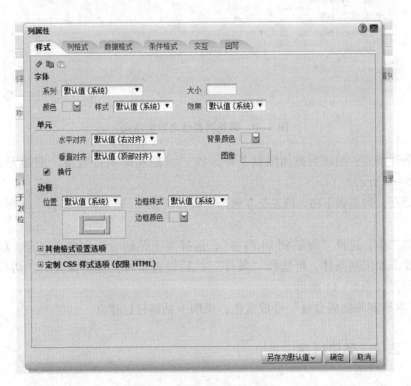

图 5 -6　编辑列属性之样式

列格式：给列名重命名，列值相同时单元格是否合并。如图 5 – 7 所示。

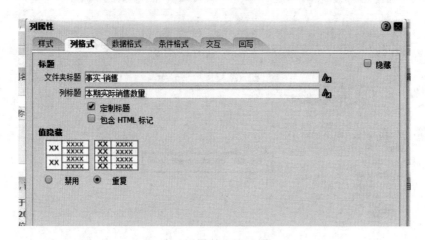

图 5 – 7　编辑列属性之列格式

数据格式：设置数据显示格式数字、百分比、货币等类型，小数点保留位数，是否设置为千分位显示格式等。如图 5 – 8 所示。

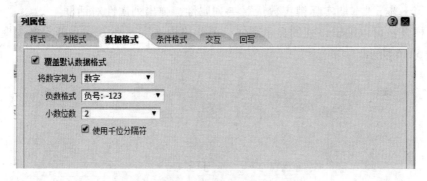

图 5 – 8　编辑列属性之数据格式

条件格式：给该列添加限制条件，如"本期实际销售数量"只显示正数。如图 5 – 9 所示。

交互：列值做下钻，值主交互选择"操作链接"，添加操作链接。如图 5 – 10 所示。

第二步，选择"导航到 BI 内容"，选择要下钻的分析。点击确定，如果下钻需要添加限制条件，可选择"条件"然后设置条件。确定保存后，切换到结果视图，如图 5 – 11 所示。

"本期实际销售数量"变成蓝色，说明下钻链接已建立。

5.2.2　列值排序

第一步，确定排序列，先以"第四层区域"升序再以"本期实际销售数量"

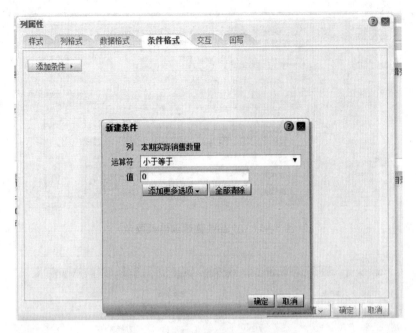

图 5 – 9 编辑列属性之条件格式

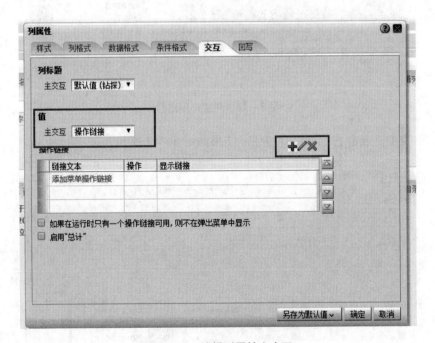

图 5 – 10 编辑列属性之交互

升序排序。

第二步,编辑"第四层区域",选择排序→升序排序。

第三步,编辑"本期实际销售数量",选择排序→添加升序排序。如图 5 – 12 所示。

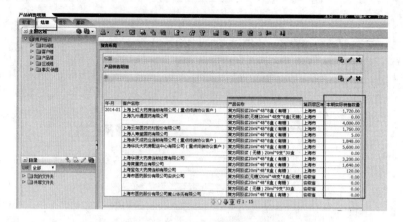

图 5 – 11　产品销售明细结果展示

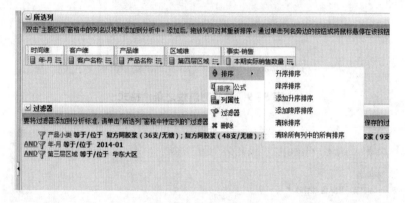

图 5 – 12　列值排序选择

第四步，点击右上方保存按钮。结果如图 5 – 13 所示。

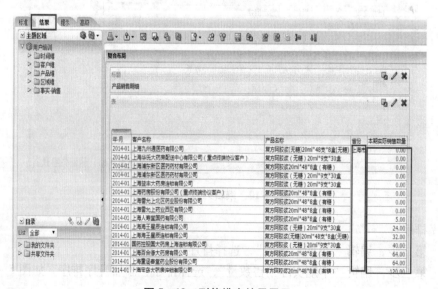

图 5 – 13　列值排序结果展示

5.2.3　列重命名

第一步，将"第四层区域"列标题改成"省份"。

第二步，编辑"第四层区域"，选择列属性→列格式。如图 5 - 14 所示。

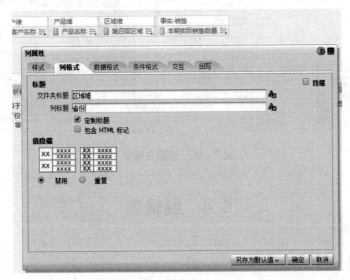

图 5 - 14　列重命名

第三步，首先选中定制标题，此时文件夹标题和列标题可以进行修改，然后将列标题改成"省份"。

第四步，点击确定，再保存。如图 5 - 15 所示。

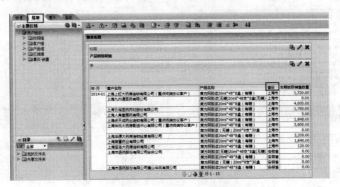

图 5 - 15　列名结果展示

5.3　编辑标题

第一步，在结果视图，点击标题右侧的"小铅笔"进行编辑。如图 5 - 16 所示。

第二步，修改标题名，设置标题格式等，最后点击右上角"完成"。

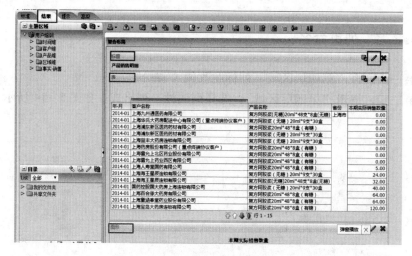

图 5 – 16　标题名编辑

5.4　编辑表

5.4.1　列排序

第一步，将"省份"列移到"年月"列后面，首先点击如图 5 – 17 所示中表右侧的"小铅笔"跳转到表编辑对话框。

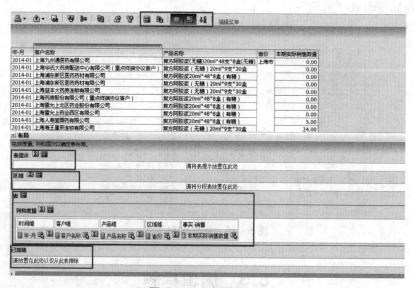

图 5 – 17　列重新排序

第二步，布局→表，拖动"省份"列到"年月"列后面。

5.4.2　表提示

第一步，将"省份"列作为表提示，将"省份"拖拽到表提示，如图 5 – 18 所示。

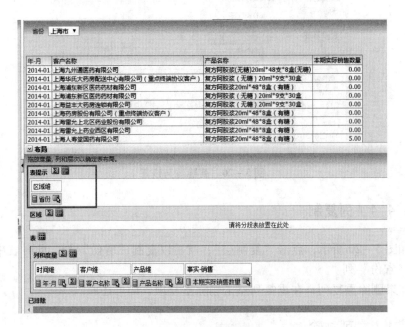

图 5 – 18　表提示编辑

第二步，查看效果点击右上角"完成"，然后再保存。返回到目录视图，打开"产品销售明细"分析，如图 5 – 19 所示。

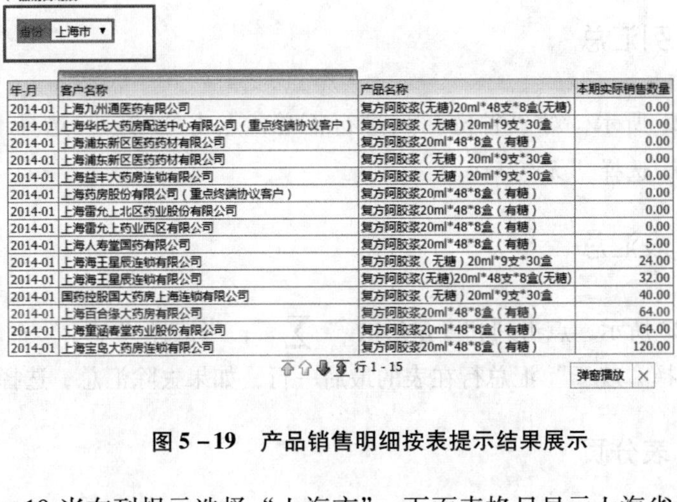

图 5 – 19　产品销售明细按表提示结果展示

图 5 – 19 当在列提示选择"上海市"，下面表格只显示上海省份的数据。

5.4.3 列隐藏

如图 5-20 所示，隐藏"省份"列。再重新点击隐藏，就还原为显示。

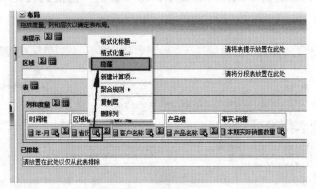

图 5-20 列隐藏与恢复

5.4.4 列复制

如图 5-20 所示，点击"复制层"，就可以复制"省份"列，此时表中出现两个"省份"列。

如果删除重复列，在重复列点击删除重复项，即可还原。

5.4.5 列排除

如图 5-20 所示，将希望删除的列，拖拽到下方的已排除边框内。

注："排除"不等同于"删除"，列排除以后切换到"标准"视图发现该列仍存在。但列删除则"标准"视图发现该列消失。

5.4.6 列汇总

如图 5-21 所示，对"省份"列进行汇总，点击" $\sum$ "选择"晚于"。如果去除汇总，选择"无"。

5.4.7 表汇总

如图 5-22 所示，点击列和度量后的" $\sum$ "，当选择"早于"汇总行在表的第一行，选择"晚于"汇总行在表的最后一行，如果去除汇总，选择"无"。

5.4.8 表分页

如图 5-23 所示，点击"XYZ"按钮，弹出表属性对话框，在样式标签内，

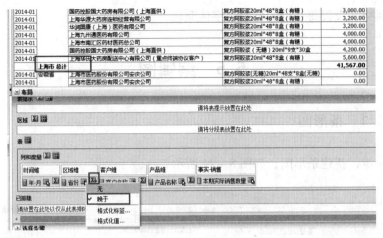

图 5 – 21　列汇总选择

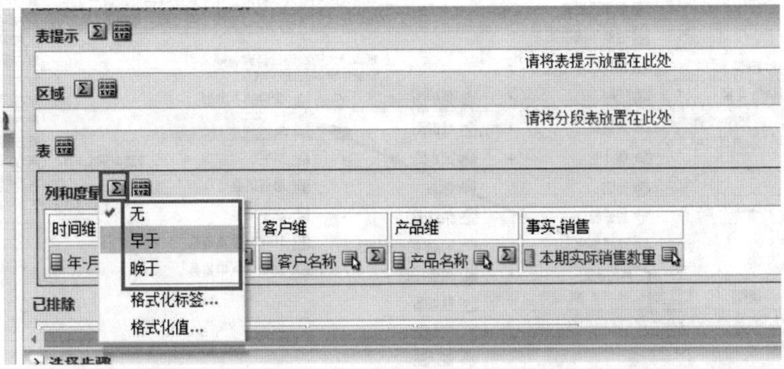

图 5 – 22　表汇总选择

数据查看可以设置为分页和不分页，如果分页，分页控件可以设置在表头、表尾、隐藏。

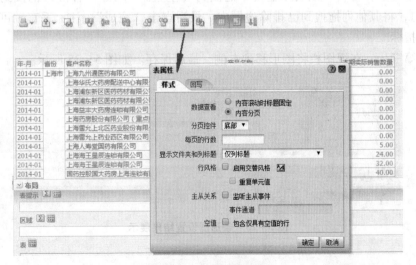

图 5 –23　表属性设置

行风格：设置每一行的背景、字体颜色。

5.5 编辑图

5.5.1 条形图

第一步，新建条形图，如图 5 – 24 所示。

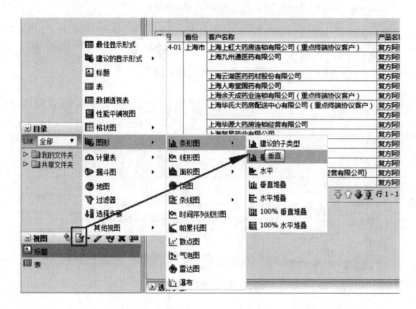

图 5 – 24 新建条形图

第二步，将"本期实际金额"拖拽到（垂直轴），将"省份"拖拽到（水平轴），将其他列拖拽到已排除边框内。最后点击"完成"。注：垂直轴可以放多个指标。

第三步，在视图栏将图形移到右侧，最后保存。如图 5 – 25 所示。

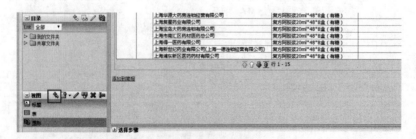

图 5 – 25 条形图设置结果展示

5.5.2　条线图

第一步，新建条线图，新建→图形→条线图→标准。

第二步，将"本期实际销售数量"拖拽到条形图（垂直轴 1），将"本期实际销售金额"拖拽到线形图（垂直轴 2），将"省份"拖拽到（水平轴），将其他列拖拽到已排除边框内。最后点击"完成"。

第三步：在视图栏将图形 2 移到右侧，最后保存。

5.5.3　饼图

第一步，新建条线图，新建→图形→饼图。

第二步，将"本期实际销售数量"拖拽到度量，将"省份"拖拽到切片，将其他列拖拽到已排除边框内。最后点击"完成"。

第三步：在视图栏将图形 3 移到右侧，最后保存。

5.5.4　堆叠图

条形图、条线图都有堆叠图，建图方式与上面类似。

5.5.5　图属性

图属性可以对图的样式、大小、颜色、标题等信息进行编辑。

在图菜单栏点击"XYZ"，弹出图形属性对话框，如图 5 – 26 所示。

图 5 – 26　图形属性设置

图形大小设置：在画布宽度、画布高度填写合理数字来设置图形大小。

图例对齐方式设置：选择左对齐，如图5-27所示图例在左侧显示。

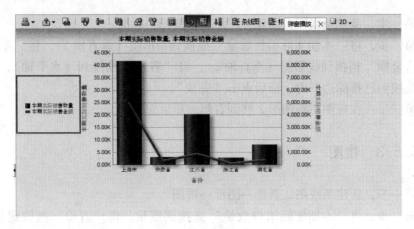

图5-27 图例展示

添加滚动条：当垂直轴或水平轴过长时可以在"缩放和滚动"勾选，如图5-28所示。

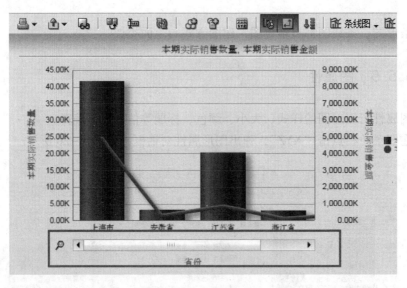

图5-28 添加滚动条

设置矩形条、3D模式、条设置橘色、线设置黄色，如图5-29所示。

设置线宽度为1px、条线触点设置红色三角形，如图5-30所示。

设置条值大于30 000的为绿色，如图5-31所示。

通过上面设置，效果图如图5-32所示。

绘图、图例、画布背景颜色设置，如图5-33所示，边框颜色设置类似。

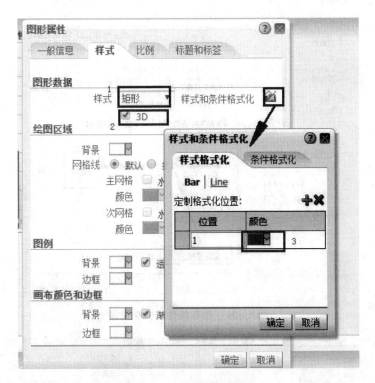

图 5 - 29　图形样式设置

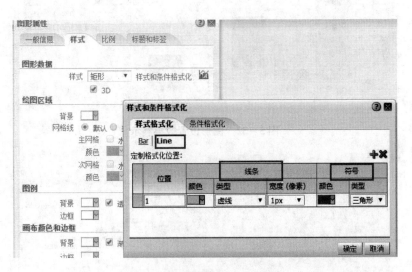

图 5 - 30　图形样式格式化设置

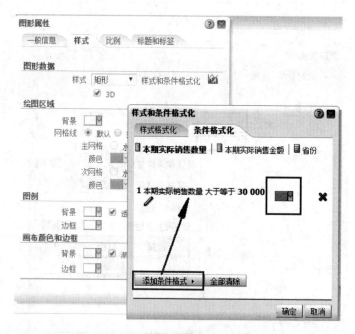

图 5 – 31　图形条件格式化设置

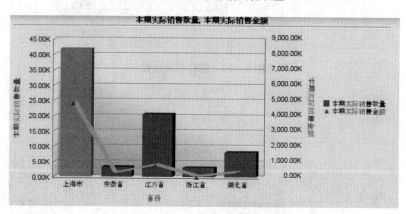

图 5 – 32　图形设置效果展示

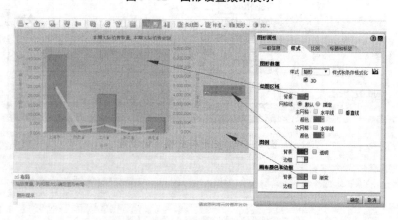

图 5 – 33　图形样式区域设置

网格线设置：

网格线→指定，不勾选主、次网格则图形没有刻度线，如图 5 - 34 所示。

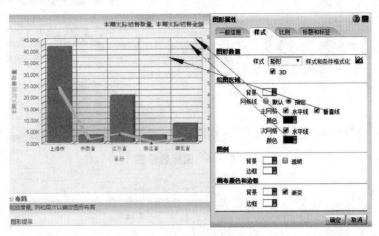

图 5 - 34　图形网格线设置

轴限制——

指定：人工设置显示最大值最小值。

缩放到数据范围：系统自动根据各"省份"数值大小按一定比例合理显示。

使用统一的比例：垂直轴 1 与垂直轴 2 公用左侧刻度值。

轴比例——

垂直轴 1 主刻度显示一个，次刻度显示两个，如图 5 - 35 所示。

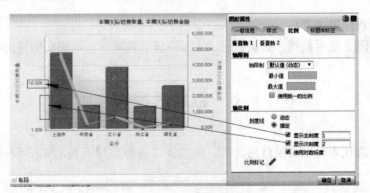

图 5 - 35　图形轴比例设置

图、轴标题设置如图 5 - 36 所示，标题字体大小颜色可以点击右侧的"A"进行编辑。

标签设置，水平轴标签字体垂直显示，如图 5 - 37 所示。标签隐藏："A"→显示选项→比例标签→隐藏。

设置垂直轴 1 刻度值缩写为千位，小数点没有小数，操作如下。

垂直轴 1 "A"→显示选项→缩写→千（K）→数字格式→选中覆盖默认数据格式。

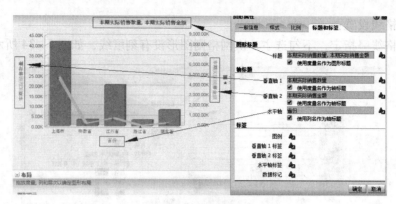

图5-36 图标题设置

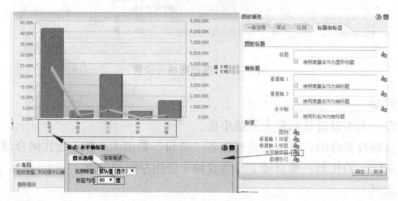

图5-37 图标签设置

→小数位数选择0。

条形图上显示数据：数据标记"A"→显示选项→显示数据标签选择始终。

5.6 数据透视表

数据透视表可以实现行列转换，例如将"省份"横向显示如图5-38所示。

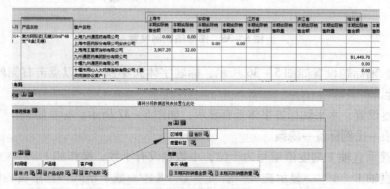

图5-38 数据透视表

将"省份"列由行栏拖拽到列栏的度量标签上面。

5.7　下钻

5.7.1　无条件下钻

例如：客户销售汇总下钻到产品明细。

第一步，编辑客户名称列，列属性→交互→值主交互选择"操作链接"→点击添加"＋"，如图 5 - 39 所示。

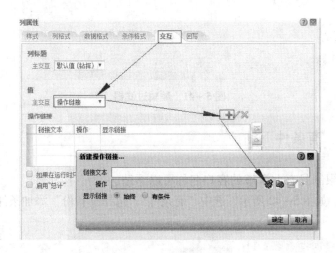

图 5 - 39　客户名称编辑

第二步，选择"导航到 BI 内容"，按路径"/共享文件夹/用户培训"打开，选中"产品销售明细"。

然后点击确定→确定。此时操作链接栏多了一条链接。如图 5 - 40 所示。

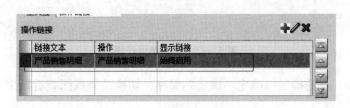

图 5 - 40　操作链接展示

第三步，点击确定再保存，切换结果视图，此时客户名称列值变蓝色。点击其中一个客户就跳转到"产品销售明细"表。然而你会发现此时"产品销售明细表"显示的是所有的客户数据，并不是你所点击客户的数据。这需要将"客户名称"这个参数从"产品销售汇总"表传入到"产品销售明细"表。

第四步，编辑"产品销售明细"表，编辑"客户名称"列，添加过滤器"提示"。如图 5 – 41 所示。

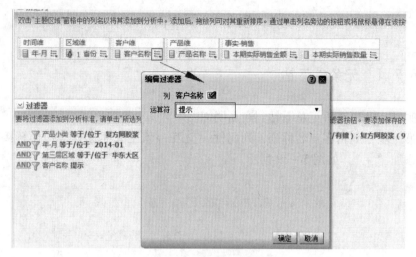

图 5 – 41   编辑过滤器

5.7.2   有条件下钻

例如，限制只有上海市的客户名称可以下钻。

第一步，如图 5 – 42 所示，选中"有条件"，选择"省份"添加条件上海市。

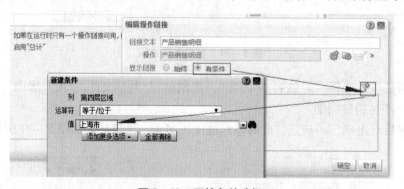

图 5 – 42   下钻条件选择

第二步，点击确定→确定→确定→保存，切换结果视图查看结果。

5.8   联合分析

例如，新建销售数量与销售金额的联合分析。

第一步，如图 5 – 43 所示创建由"年月""区域""本期实际销售数量"三个字段组成的一个表。

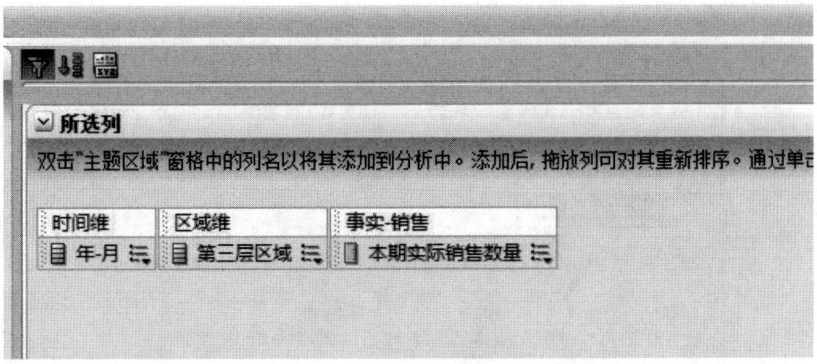

图 5 – 43　表联合分析

第二步，增加一列标记为"数量"，从左侧模型中随意拖拽一列，编辑公式为"数量"。如图 5 – 44 所示。

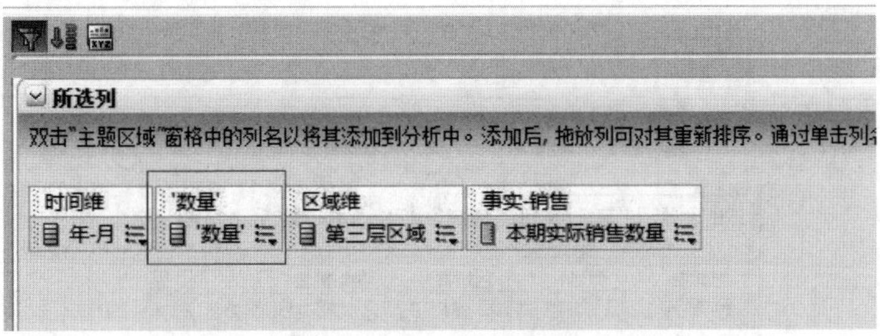

图 5 – 44　添加列标记

第三步，增加"金额"一行。点击右侧，选择主题模型"用户培训"，如图 5 – 45 所示。

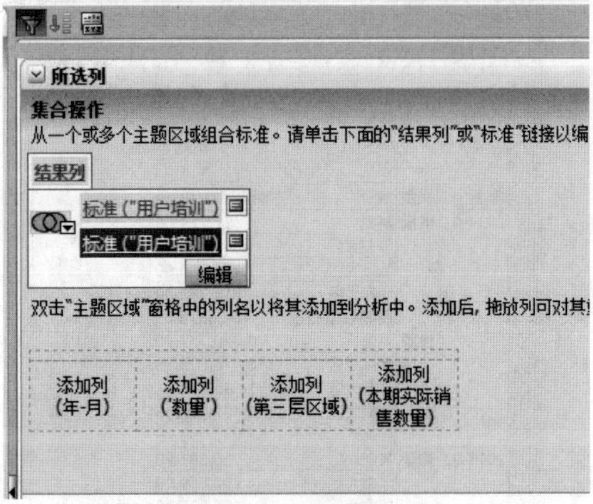

图 5 – 45　增加行

从左侧拖拽"年月""区域""本期实际销售金额"到相应位置，再随意拖拽一列，编辑公式为"金额"，如图 5 – 46 所示。

所选列
集合操作
从一个或多个主题区域组合标准。请单击下面的"结果列"或"标准"链接以编辑相应的列和过滤器
结果列
标准("用户培训")
标准("用户培训")
编辑
双击"主题区域"窗格中的列名以将其添加到分析中。添加后，拖放列可对其重新排序。通过单击
时间维
'金额'
区域维
事实-销售
年-月
'金额'
第三层区域
本期实际销售金额

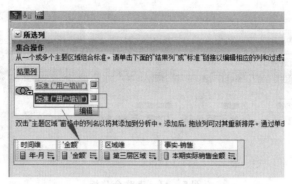

图 5-46　编辑金额公式

第四步，点击上方“结果列”，将“数量”改成“类别”，“第三层区域”改成“省份”。如图 5-47 所示。

从一个或多个主题区域组合标准。请单击下面的"结果列"或"标准"链接以编辑
结果列
标准("用户培训")
标准("用户培训")
编辑
双击"主题区域"窗格中的列名以将其添加到分析中。添加后，拖放列可对其重
时间维
类别
区域维
事实-销售
年-月
类别
省份
本期实际销售数量

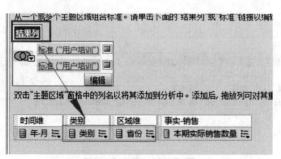

图 5-47　列重命名

第五步，保存后，切换到结果视图查看效果。如图 5-48 所示。

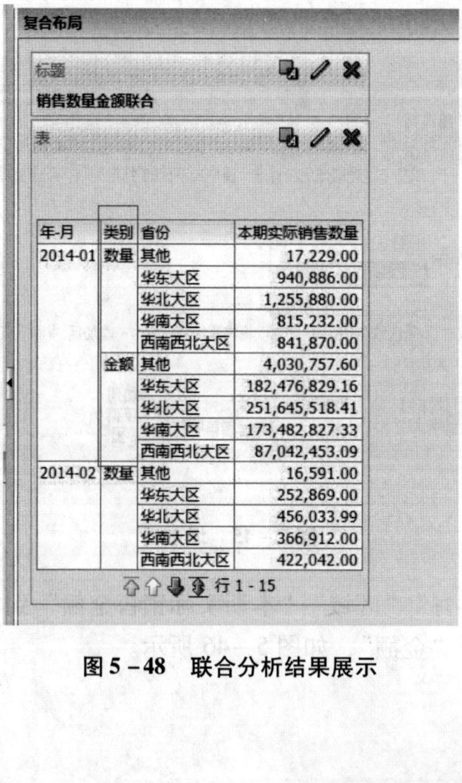

复合布局
标题
销售数量金额联合
表
年-月 类别 省份 本期实际销售数量
2014-01 数量 其他 17,229.00
华东大区 940,886.00
华北大区 1,255,880.00
华南大区 815,232.00
西南西北大区 841,870.00
金额 其他 4,030,757.60
华东大区 182,476,829.16
华北大区 251,645,518.41
华南大区 173,482,827.33
西南西北大区 87,042,453.09
2014-02 数量 其他 16,591.00
华东大区 252,869.00
华北大区 456,033.99
华南大区 366,912.00
西南西北大区 422,042.00
行 1 - 15

图 5-48　联合分析结果展示

敬 告 读 者

为了帮助广大师生和其他学习者更好地使用、理解和巩固教材的内容，本教材配课件，读者可关注微信公众号"会计与财税"，浏览相关信息。

如有任何疑问，请与我们联系。

QQ：16678727

邮箱：esp_bj@163.com

教师交流 QQ 群：606331294

教材服务 QQ 群：391238470

经济科学出版社

2022 年 9 月

会计与财税

教师服务 QQ 群

读者交流 QQ 群

经科在线学堂